D1725904

Diplomica®
Wissenschaftlicher
Fachverlag

Andreas Hellmann

Methodik zur Vorbereitung eines Markteintritts in China

Ein Leitfaden für Unternehmen

Hellmann, Andreas: Methodik zur Vorbereitung eines
Markteintritts in China. Ein Leitfaden für Unternehmen, Hamburg, Diplomica GmbH

Umschlaggestaltung: Elisabeth Lutz, Hamburg

ISBN: 978-3-8366-0357-7

© Diplomica GmbH, Hamburg 2007

Bibliographische Information der Deutschen Bibliothek

Die Deutsche Bibliothek verzeichnet diese Publikation in der
Deutschen Nationalbibliografie; detaillierte bibliografische
Daten sind im Internet über http://dnb.ddb.de abrufbar.

Inhaltsverzeichnis

Abbildungsverzeichnis

Tabellenverzeichnis

Abkürzungsverzeichnis

BIP   Bruttoinlandsprodukt

IDV   Individualism

KMU   Kleine und mittlere Unternehmen

MAS   Masculinity

PDI   Power Distance Index

RMB   Renminbi Yuan

SWOT   Strenghts, Weaknesses, Opportunities, Threats

UAI   Uncertainty Avoidance

VR   Volksrepublik

WTO   World Trade Organisation

1 Einleitung

Die Globalisierung der Weltwirtschaft bestimmt die Schlagzeilen der Wirtschaftspresse und beschäftigt die Entscheidungsträger vieler Unternehmen. Kaum ein Tag vergeht, an dem nicht über stattgefundene oder geplante Maßnahmen von deutschen Unternehmen im Rahmen von internationalen Tätigkeiten berichtet wird. Dabei befassen sich nicht nur die Großunternehmen mit diesem Thema. Auch im deutschen Mittelstand hat die Aussicht auf die Erschließung globaler Wachstumsmärkte Aktivitäten auf breiter Front ausgelöst.

Die Volksrepublik China ist in das Zentrum vieler Entscheidungsträger geraten. Seit dem Beginn der Wirtschaftsreformen und der damit verbundenen Marktöffnung für ausländische Investoren unter Deng Xiaoping im Jahre 1979 lockt die Volksrepublik, wie kaum ein anderes Land, mit einem stetigen und hohen Wirtschaftswachstum. Allein die Öffnung des riesigen chinesischen Marktes mit seinen rund 1,3 Milliarden Marktteilnehmern übt eine ungeheure Faszination aus und regt zum träumen von phantastischen Umsatzmöglichkeiten an. Kurz: China ist in der Unternehmenswelt „in" und viele Unternehmen versuchen möglichst schnell in der Volksrepublik Fuß zu fassen.

Bei allem Elan wird oftmals sehr gerne vergessen, dass gerade in China die Umweltbedingungen stark vom deutschen Umfeld abweichen und ein Erfolgsrisiko darstellen. Leider wird viel zu oft überstürzt und ohne eine gründliche analytische Vorbereitung gehandelt, mit der Folge, dass nach einem Markteintritt in China erwartete Gewinne nicht erzielt werden können oder hohe unerwartete Kosten entstehen. Neben einer unzureichenden Planung mangelt es vielen Unternehmen auch an entscheidungsrelevanten Informationen, auf die eine strategische Planung erst aufbauen kann. Das Angebot an Büchern, Workshops, Seminaren, Broschüren, Prospekten und Informationsveranstaltungen zum Thema China hat mittlerweile eine derartige Fülle erreicht, dass es für einen Interessenten beinahe undurchschaubar geworden ist. Trotz dem überwältigenden Angebot an Informationen werden diese oftmals nicht zielgerichtet gesammelt oder ausgewertet. Somit ist die Kenntnis von vielen Unternehmen über die tatsächlichen Verhältnisse in der VR China sowie über die speziellen Erfordernisse eines Engagements gering.

Das Risiko eines Scheiterns im Ausland kann sich zwar auch durch eine detaillierte Konzeption niemals gänzlich eliminieren lassen, doch kann es durch eine konsequente Vorbereitung und Planung abgeschätzt und reduziert werden. Die unterschiedlichen Umweltbedingungen zwischen der VR China und Deutschland können durch eine schlüssige Vorbereitung und gezielte Informationssammlung transparent und überwindbar gemacht werden.

Dieses Buch setzt an dieser Problematik an und stellt ein methodisches Planungsschema vor, das ein China-Engagement vorbereitet. Es wird aufgezeigt, warum eine methodische Planung notwendig ist und eine Antwort auf die Frage gegeben, welche methodischen Schritte zu einer konsequenten Vorbereitung eines China-Engagements gehören.

Das Ergebnis dieses Buches ist ein Leitfaden, der Unternehmen einen Orientierungsrahmen über die wichtigsten Stufen zur Vorbereitung eines China-Engagements gibt. Neben einer Methodik zur Beseitigung eines Informationsdefizits und der Planung eines China-Engagements werden im Leitfaden die einzelnen Schritte inhaltlich mit Informationen über China ausgestaltet. Trotz vieler Informationen über die VR China ist der Leitfaden bewusst allgemeingültig gehalten, damit er nicht nur zur Vorbereitung eines China-Engagements benutzt werden kann, sondern auch zur Vorbereitung für den Eintritt in andere Auslandsmärkte geeignet ist.

Das Buch führt den Leser in mehreren Schritten an die Methodik zur Vorbereitung eines internationalen Markteintritts heran:

Abbildung 1: Aufbau des Buches

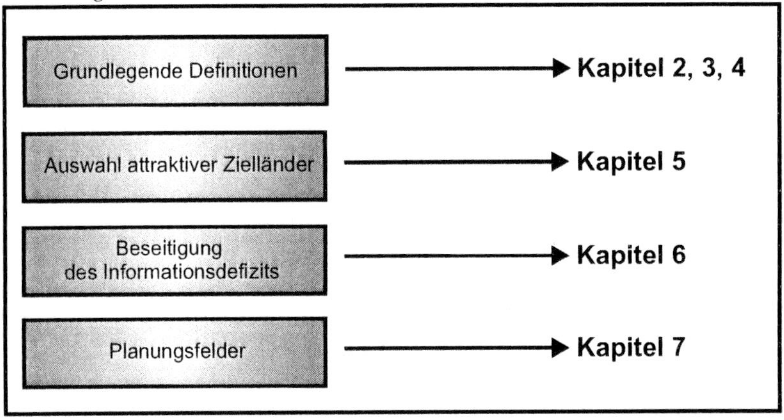

Grundlegende Definitionen	⟶	**Kapitel 2, 3, 4**
Auswahl attraktiver Zielländer	⟶	**Kapitel 5**
Beseitigung des Informationsdefizits	⟶	**Kapitel 6**
Planungsfelder	⟶	**Kapitel 7**

In den Kapiteln 2 bis 4 werden die Grundlagen dieser Untersuchung erläutert. Nach der Vorstellung der relevanten Definitionen erfährt der Leser die Gründe, die Unternehmen zur Vornahme von Auslandengagements bewegen. Kapitel 5 zeigt Möglichkeiten auf, wie eine Länderauswahl methodisch durchgeführt werden kann. Kapitel 6 stellt ein Schema vor, durch das ein Informationsdefizit beseitigt werden kann. Nach der Entscheidung für die Vornahme eines China-Engagements bzw. der Auswahl eines anderen geeigneten Ziellandes stellt Kapitel 7 schließlich die strategisch-operative Planung eines Engagements im Ausland vor.

Dieses Buch richtet sich an alle interessierten Leser, die mehr über die Themen „Strategie" und „Business in China" erfahren möchten. Im Fokus des Buches stehen mittelständische Unternehmen, da sie die treibende Kraft der deutschen Wirtschaft darstellen. Trotzdem verfügt der Mittelstand im Vergleich zu Großunternehmen meistens nicht über Erfahrungen mit Auslandengagements. Im Vergleich zu Großunternehmen verfügen mittelständische Unternehmen außerdem über geringere finanzielle und personelle Ressourcen und sind somit von einer konsequenten Vorbereitung in besonderem Maße betroffen.

2 Generelle Bedeutung einer methodischen Planung

Jedes Unternehmen braucht Orientierung, um handeln zu können. Diese Orientierung wird in einer immer komplexer werdenden Umwelt benötigt, deren Bedingungen sich immer schneller ändern. Wettbewerb, Politik, ökonomische Rahmenbedingen und weitere Marktbedingungen wirken täglich als Variablen auf ein Unternehmen ein. Diese nationalen Umweltbedingungen entziehen sich in der Regel dem Beeinflussungskreis von Unternehmen.

Abbildung 2: Umweltbedingungen[1]

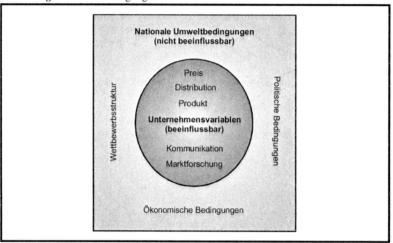

Mit der Aufnahme grenzüberschreitender Geschäftsaktivitäten erfolgt für Unternehmen eine Zunahme der Komplexität, denn zu den nationalen Variablen kommen noch je nach Land zusätzliche Variablen hinzu. Diese landesspezifischen Umweltbedingungen ergeben sich zum Beispiel aus:

- Konsumklima und Wettbewerbsstruktur,
- Politische Bedingungen und Gesetzgebung,
- Technologielevel,
- Allgemeine Infrastruktur und vorhandene Distributionskanäle,
- Geographie und Kultur[2].

---

1 Eigene Darstellung in Anlehnung an: Cateora, P./ Graham, J., 2005, Seite 10

2 Vgl. Cateora, P./ Graham, J., 2005, Seite 12f

Eine Technik, um mit diesen nationalen und internationalen Variablen effektiv umzugehen, ist die Planung. Mit Planungsaktivitäten wird versucht, Orientierung dadurch zu gewinnen, dass relevante Probleme antizipiert und vorab gelöst werden[3]. Planung ist somit ein systematischer und zukunftsbezogener Problemlösungsprozess, infolgedessen auf die nicht beeinflussbaren Umweltvariablen systematisch reagiert werden kann. Hierfür werden unter Zugrundelegung bestimmter Annahmen über zukünftige Umweltsituationen gezielt Problemlösungsalternativen gesucht, beurteilt und ausgewählt[4]. Planung lässt sich somit von einer ad hoc-Handlung abgrenzen, bei dem Entscheidungen in unmittelbarer Reaktion auf Entwicklungen und Ereignisse im Umfeld unsystematisch getroffen werden.

Da jede Planungstätigkeit den Einsatz von Unternehmensressourcen erfordert, ist die Frage nach dem Nutzen von zentraler Bedeutung. Grundsätzlich lässt sich der Nutzen der Planung zwar nicht exakt quantifizieren, doch wird die Vorteilhaftigkeit für Unternehmen anhand der folgenden Faktoren deutlich:

- Reduktion des Fehlentscheidungsrisikos durch systematische Umwelt-/ Unternehmensanalysen,
- Schaffung von Transparenz im Hinblick auf Risiken,
- Aufbau von Handlungsspielräumen durch gedankliche Vorwegnahme der Zukunft,
- Reduktion von Komplexität und Unsicherheit,
- Sicherung der Zielorientierung aller Aktivitäten durch Integration von Einzelentscheidungen,
- Schaffung einer Basis für die Kontrolle[5].

Allerdings erlangt ein Unternehmen diese Vorteile durch Planungsaktivitäten nicht automatisch. Die Erstellung von Plänen schafft grundsätzlich einen Informationsbedarf[6]. Die Verfügbarkeit aktueller und relevanter Informationen gewinnt angesichts der steigenden Umweltdynamik an Bedeutung. Die Informationsversorgung stellt insofern einen wesentlichen Einflussfaktor der Planungsqualität dar[7].

Wird die Planung unsystematisch vorgenommen oder entspricht die Informationsversorgung nicht einer zielgerechten Methodik, kann sie wirkungslos bleiben und zu einer Verschwendung von Ressourcen führen.

---

[3] Vgl. Steinmann, H./ Schreyögg, G., 2002, Seite 149

[4] Vgl. Jenner, T., 2003, Seite 18

[5] Vgl. Jenner, T., 2003, Seite 19

[6] Vgl. Scharf, A./ Schubert, B., 2001, Seite 19

[7] Vgl. Jenner, T., 2003, Seite 67

Der Informationsbedarf im Rahmen der Planung hängt in hohem Maße von der Bedeutung und Komplexität der zu treffenden Entscheidung ab. Bei komplexen Entscheidungen mit einem hohen Neuartigkeitsgrad und bei Entscheidungen mit großer Tragweite besteht tendenziell ein umfassender Informationsbedarf[8]. Gerade bei der Aufnahme von grenzüberschreitenden Geschäftstätigkeiten ergibt sich somit die Notwendigkeit einer methodischen Informationsbeschaffung und Planung.

Besonders für mittelständische Unternehmen ist die Anwendung einer systematischen Planungsmethodik wichtig, denn Großunternehmen können in der Regel eine Ressourcenverschwendung oder die Folgen einer fehlerhaften Planung durch höhere finanzielle Reserven und bereits vorhandene Diversifikation noch eher auffangen als mittelständische Unternehmen. Gerade Unternehmen, die sich bislang nur auf ein Land oder eine Sparte spezialisiert haben, können eine Ressourcenverschwendung im Zuge einer schlecht vorbereiteten Internationalisierung oftmals nicht ausgleichen. Verluste durch einen schlechten Internationalisierungsplan können dann nur durch die Tätigkeit auf dem Heimatmarkt ausgeglichen werden. Mögliche Verluste können unter Umständen für die Existenz gefährdend sein.

---

[8] Vgl. Jenner, T., 2003, Seite 67

3 Kurze Darstellung mittelständischer Unternehmen in der deutschen Wirtschaft

3.1 Definition mittelständischer Unternehmen

Begriffe wie „Großunternehmen" oder „klein- und mittelständisch"[9] werden in der Praxis vielfach benutzt. Dennoch existiert keine international einheitliche Definition der verschiedenen Betriebsgrößenklassen[10]. Eine Ursache der international unterschiedlichen Abgrenzung liegt in der divergierenden Größe und Struktur der nationalen Volkswirtschaften[11].

Grundsätzlich erfasst man zur Beschreibung der Betriebsgröße ein oder mehrere Merkmale, die als repräsentativ für die Betriebsgröße angesehen werden können und objektiv ermittelbar sind. Diese Kriterien können sowohl quantitativer als auch qualitativer Art sein. Zu den qualitativen Charakteristika gehören zum Beispiel die Organisationsstruktur und die Rechtsform des Unternehmens, während sich die quantitativen Kriterien aus Kennzahlen wie Umsatz, Gewinn oder Anzahl der Beschäftigten zusammensetzen[12]. Dementsprechend umfangreich fällt die Palette von Kategorisierungsmöglichkeiten zur Abgrenzung von KMU aus. Während einige Kategorisierungsansätze nur den Jahresumsatz in die Definition einbeziehen, basieren andere Einteilungen auf der Mitarbeiteranzahl oder einer Kombination aus mehreren Kriterien[13].

In Deutschland werden zur Klassifizierung sowohl quantitative als auch qualitative Kriterien herangezogen. Zum Mittelstand zählen Unternehmen mit einem Jahresumsatz von unter 50 Millionen € und mit weniger als 500 Beschäftigten[14]; weiterhin muss die wirtschaftliche Existenz des Unternehmens und seiner Leitung eine Einheit bilden[15]. Auf europäischer Basis hat die Europäische Kommission eine Empfehlung zur Definition von KMU erarbeitet, welche seit dem 1. Januar 2005 genutzt wird. Die Kenntnis beider Definitionen ist insbesondere für den Zugang zu Förderprogrammen auf EU- oder

---

[9] In diesem Buch werden die Begriffe kleine und mittlere Unternehmen (Firmen, Betriebe), mittelständische Unternehmen (Betriebe), Mittelständler und KMU synonym verwendet

[10] Vgl. http://www.ifm.uni-mannheim.de/unter/faq/kmu_definition.html, abgefragt am 20.10.2005

[11] Vgl. Weber, W./ Kabst, R., 2000, S. 7

[12] Vgl. Pfohl, H-C., 1997, S. 3ff

[13] Vgl. Pfohl, H-C., 1997, S. 7ff

[14] Für Deutschland werden die Größenklassen auch durch §267 HGB umschrieben. Allerdings wird auf diese Klassifizierung in dieser Arbeit keine Rücksicht genommen, da §267 HGB nur für Kapitalgesellschaften Gültigkeit besitzt und somit keine allgemeingültige Definition vorliegt

[15] Vgl. http://www.bmwa.bund.de/navigation/wirtschaft/mittelstandspolitik.html, abgefragt am 20.10.2005

Bundesebene wichtig, denn zur Bewilligung der Fördermittel auf Landes- oder EU-Ebene muss das Unternehmen der jeweiligen Definition entsprechen.

Nach der Definition des Instituts für Mittelstandsforschung Bonn wird der Mittelstand wie folgt eingeordnet:

Tabelle 1: Klassifizierung des deutschen Mittelstandes[16]

Kleine Unternehmen	Mittlere Unternehmen
Jahresumsatz unter 1 Mio. €	Jahresumsatz 1 bis 50 Mio. €
Anzahl der Beschäftigten unter 10	Anzahl der Beschäftigten 10 bis 499

Die Europäische Kommission klassifiziert stattdessen in drei Größen:

Tabelle 2: Empfehlung der EU zur Klassifizierung des deutschen Mittelstandes[17]

Kleinstunternehmen	Kleine Unternehmen	Mittlere Unternehmen
Jahresumsatz/ Bilanzsumme bis 2 Mio. €	Jahresumsatz/ Bilanzsumme bis 10 Mio. €	Jahresumsatz bis 50 Mio. € oder Bilanzsumme bis 43 Mio. €
Anzahl der Mitarbeiter unter 10	Anzahl der Mitarbeiter unter 50	Anzahl der Mitarbeiter unter 250
< 25 % des Kapitals oder der Stimmanteile im Besitz von einem oder mehreren Unternehmen, welche die Definition der KMU nicht erfüllen		

3.2 Bedeutung des Mittelstands für die deutsche Wirtschaft

Die tatsächliche Bedeutung des Mittelstandes für die deutsche Wirtschaft ist in absoluten Zahlen nur schwer messbar. Dies lässt sich auf das oben genannte Abgrenzungsproblem zurückführen, denn der Beitrag der einzelnen Klassen zum Bruttoinlandsprodukt ist definitionsabhängig. Trotzdem lässt sich auch bei der Verwendung mehrerer Definitionen die große Bedeutung kleiner und mittlerer Unternehmen für die deutsche Wirtschaft unumstritten feststellen[18].

Diese Bedeutung zeigt sich darin, dass die nach der deutschen Definition eingeteilten rd. 3,4 Millionen mittelständischen Unternehmen

---

[16] Eigene Darstellung in Anlehnung an: http://www.ifm-bonn.de/dienste/definition.htm, abgefragt am 20.10.2005

[17] Eigene Darstellung in Anlehnung an: http://www.bdi-online.de/img/InformationsblattKMUDef.pdf, abgefragt am 20.10.2005

[18] Vgl. Geulen, T., 2001, Seite 25f

Diese Bedeutung zeigt sich darin, dass die nach der deutschen Definition eingeteilten rd. 3,4 Millionen mittelständischen Unternehmen

- 99,7% aller Unternehmen in Deutschland darstellen,
- 40,8% aller steuerpflichtigen Umsätze tätigen,
- 70,2% der Arbeitsplätze anbieten und
- 81,9 % aller Lehrlinge ausbilden[19] .

Aus diesen Zahlen wird ersichtlich, dass nicht etwa die großen Konzerne die Basis der Beschäftigung in Deutschland bilden, sondern die mittelständischen Unternehmen. Als Besonderheit des Mittelstandes in Deutschland kann angesehen werden, dass es nicht nur wie in anderen Ländern zahlreiche KMU im Handwerk oder im Handel gibt, sondern auch in der Industrie[20].

Die spezifischen Stärken der KMU liegen in der hohen Flexibilität und dem intensiven, oftmals auch persönlichen Kontakt zum Kunden[21]. Dadurch sind diese Unternehmen in der Lage, auf eine geänderte Kundennachfrage schneller und gezielter zu reagieren als Großunternehmen und Kreativität und Innovation zu entfalten. Auch das Auffinden von lukrativen Marktnischen fällt den KMU wegen der großen Kundennähe wesentlich leichter[22]. Diese Spezialisierung ermöglicht den KMU einen Wettbewerbsvorteil beim Eintritt in ausländische Märkte.

---

[19] Vgl. http://www.bmwa.bund.de/navigation/wirtschaft/mittelstandspolitik.html,abgefragt am 20.10.2005

[20] Vgl. Hopfenbeck, W., 2002, Seite 205

[21] Vgl. Hopfenbeck, W. 2002, Seite 206

[22] Vgl. Geulen, T. 2001, Seite 26

4 Internationalisierung mittelständischer Unternehmen

Die Bundesrepublik Deutschland ist international verflochten wie kaum eine andere Volkswirtschaft. Deutsche Unternehmen erzielen mehr als ein Drittel ihrer Umsätze durch Handel mit dem Ausland[23]. Vor allem in Deutschland existieren zahlreiche „hidden champions", die in ihrem jeweiligen Branchensegment Weltmarktführer sind und nicht selten über einen Exportanteil von mehr als 70% verfügen[24]. Die hohe Bedeutung des Außenhandels ist dabei nicht nur eine momentane „Mode-Erscheinung", vielmehr ist die Bedeutung des Außenhandels für die Bundesrepublik Deutschland schon seit Jahren sichtbar.

Tabelle 3: Entwicklung des deutschen Außenhandels der letzten 10 Jahre[25]

Jahr	Ausfuhr insgesamt in Mill. EUR	Veränderungen zum Vorjahr in %
2004	733.456	+ 10,4
2003	664.455	+ 2,0
2002	651.320	+ 2,0
2001	638.268	+ 6,8
2000	597.440	+ 17,1
1999	510.008	+ 4,4
1998	488.371	+ 7,5
1997	454.342	+ 2,6
1996	403.377	+ 5,3
1995	383.232	+ 8,5
1994	353.084	+ 9,9

Im internationalen Vergleich nimmt Deutschland sogar einen Spitzenplatz unter den Außenhandelsnationen ein und steht hinter den USA an zweiter Stelle der international tätigen Länder.

---

[23] Vgl. Faix, W., 2003, Seite 9

[24] Vgl. Simon, H., 1997, Seite 52

[25] Eigene Darstellung in Anlehnung an: http://www.destatis.de/indicators/d/lrahl03ad.htm, abgefragt am 20.10.2005

Abbildung 3: Anteil der BRD am Welthandel[26]

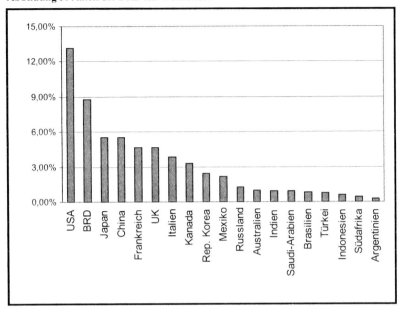

Trotzdem ist im Verhältnis zur Menge der Unternehmen der Anteil der international tätigen Unternehmen gering[27]. Es besteht somit bei vielen KMU noch erheblicher Internationalisierungsbedarf und auch volkswirtschaftlich existiert noch ein nicht unerhebliches Internationalisierungspotenzial.

Die Gründe für die Einbindung der mittelständischen Unternehmen in den internationalen Wettbewerb werden im Folgenden dargestellt. Dadurch soll die besondere Bedeutsamkeit einer Internationalisierung[28] für KMU herausgestellt werden. Anschließend werden die Anforderungen an Unternehmen erläutert, die mit diesem Prozess verbunden sind, und die momentane Zurückhaltung deutscher KMU bei einer weit reichenden Internationalisierung aufgezeigt.

---

[26] Eigene Darstellung in Anlehnung an: http://www.destatis.de/download/d/veroe/dimintvergleich.pdf, Seite 5, abgefragt am 20.10.2005

[27] Vgl. Backhaus, K./ Büschken, J./ Voeth, M., 2003, Seite 32

[28] In diesem Buch bezeichnet Internationalisierung einen Prozess, in dessen Verlauf Unternehmen außerhalb der Grenzen ihres nationalen Heimatmarktes mit Forschung, Produktion, Verkauf oder anderen Geschäftsaktivitäten tätig werden

4.1 Motive für eine Internationalisierung

Der Wandel der Märkte, national wie auch international, ermöglicht dem deutschen Mittelstand neue Möglichkeiten zur Geschäftsausweitung. Insbesondere durch die Marktöffnung von „Emerging markets" wie Osteuropa und China, die Vollendung des Europäischen Binnenmarktes und die allgemeine Globalisierung werden dem Mittelstand Wachstumschancen eröffnet, um dem in vielen Bereichen gesättigten Markt in Deutschland zu entgehen.

Allgemein können die Motive für eine Internationalisierung von Unternehmensaktivitäten sehr vielfältig sein. Die Gesamtheit der Motive kann man nach folgenden Merkmalen gliedern, wobei einzelne Motive in mehreren Kategorien eingeordnet werden können:

- ökonomische versus nicht-ökonomische Motive,
- offensive versus defensive Motive,
- ressourcenorientierte, produktionsorientierte und absatzorientierte Motive[29].

Ökonomische Motive sind die entscheidenden Antriebskräfte für eine internationale Geschäftstätigkeit und bestehen vor allem im Streben nach Gewinnerzielung sowie dem Ausgleich negativer inländischer Konjunkturentwicklungen[30]. Wer sich früh ein Standbein in einem anderen Markt verschafft, kann neue Märkte erschließen, sich gegen Absatzrückgänge im Heimatmarkt absichern und flexibler reagieren. Angesichts gesättigter Märkte kann eine Ausweitung der Absatzmöglichkeiten im Inland sehr aufwendig sein, während auf vielen Auslandsmärkten bei gleichem finanziellem Einsatz deutlich höhere Renditen erzielt werden könnten[31]. **Nicht-ökonomische Motive** sind z.B. Imageziele, persönliche positive Einstellung zu einer Internationalisierung oder liegen in der Verfolgung von Macht- und Einflussbedürfnissen begründet[32].

Offensive Motive liegen vor, wenn vorhandene Wettbewerbsvorteile wie etwa Technologie- oder Qualitätsvorteile international ausgenutzt werden sollen[33]. Das Internationalisierungsverhalten ist aktiv und resultiert aus vorhandenen Wettbewerbsvorteilen.

---

[29] Vgl. Berndt, R., 2003, Seite 8

[30] Vgl. Backes-Gellner, U./ Huhn, K., 2000, Seite 84

[31] Vgl. Backes-Gellner, U./ Huhn, K., 2000, Seite 184

[32] Vgl. Berndt, R., 2003, Seite 8

[33] Vgl. Berndt, R., 2003, Seite 8

Defensive Motive bestehen immer dann, wenn die Geschäftstätigkeit im Ausland eine gefährdete Position im Inland stabilisieren soll oder wenn das Unternehmen wichtigen Stakeholdern aus Wettbewerbsgründen in das Ausland folgen wird[34]. Defensive Motive haben somit reaktiven Charakter und entstehen als Antwort auf die Handlungen verschiedener Stakeholdergruppen[35].

Der steigende internationale Konkurrenzdruck zwingt KMU, sowohl auf dem deutschen als auch auf dem Weltmarkt, ihre Waren und Dienstleistungen möglichst preiswert anzubieten[36]. **Ressourcenorientierte Motive** der Internationalisierung liegen vor, wenn die kostengünstige Versorgung des Unternehmens mit bestimmten Rohstoffen durch die Internationalisierung nachhaltig gesichert werden soll[37]. **Produktionsorientierte Motive** haben eine Produktionsverlagerung in das Ausland zum Gegenstand. Attraktive Märkte wie z.B. China werden somit nicht nur als Absatzmärkte genutzt. Zur Kosteneinsparung können durch „Outsourcing" in Staaten mit geringeren Lohnkosten standardisierte, arbeitsintensive Bereiche transferiert werden[38]. **Absatzmarktorientierte Motive** beziehen sich auf die Absatzmenge und haben den Ausbau der Marktposition und die Erreichung von „Economies of Scale" zum Gegenstand[39].

In den seltensten Fällen ist nur ein Motiv für die Entscheidung zur Aufnahme von Auslandsaktivitäten ausschlaggebend. Die wesentlichen Motive für eine Internationalisierung sind in der folgenden Tabelle zusammengefasst:

---

[34] Vgl. Berndt, R., 2003, Seite 8

[35] Stakeholder sind alle Anspruchsgruppen, deren Interesse das Unternehmen mitberücksichtigen muss. Zu diesen gehören z.B. Anteilseigner, Kunden, Mitarbeiter, Staat, Sponsoren und Lieferanten

[36] Vgl. Geulen, T., 2001, Seite 30

[37] Vgl. Berndt, R., 2003, Seite 8

[38] Vgl. Backes-Gellner, U./ Huhn, K., 2000, Seite 184

[39] Vgl. Apfelthaler, G., 1999, Seite 12f

Tabelle 4: Motive für eine Internationalisierung[40]

Vermutete höhere Gewinnchancen bei Auslandsaktivitäten angesichts der relativen Sättigung oder der nur langsamen Expansion des Binnenmarktes
Streben nach Sicherung durch Risikodiversifikation über zusätzliche Märkte
Ausnutzung vorhandener Fertigungskapazitäten durch Erschließung neuer Märkte und Kundengruppen
Erzielung von Kostenvorteilen und Nutzung staatlicher Förderungsmaßnahmen durch Auslandsproduktion
Absatzsteigerung durch die größere Markt- und Kundennähe ausländischer Niederlassungen oder Tochtergesellschaften
Sicherung und Vertiefung der Zusammenarbeit mit wichtigen nationalen Geschäftspartnern, die Produktionen ins Ausland verlegt haben
Geschäftserfolg konkurrierender Unternehmen im Ausland
Ausnutzung von Steuervorteilen im Ausland
Eröffnung, Sicherung und Kontrolle von Vertriebswegen
Ausweichen des hohen Wettbewerbdrucks im Binnenmarkt
Persönliche positive Einstellung des Unternehmers gegenüber Auslandsaktivitäten
Ausnutzen von Economies of Scale-Effekten
Absatz von Überkapazitäten
Abschöpfung von Konsumentenrenten in Ländern, in denen das angebotene Produkt eine Innovation ist
Stabilisierung des Gesamtunternehmensumsatzes durch Streuung des Absatzes über mehrere Märkte mit unterschiedlichen Konjunkturentwicklungen
Verlängerung des Produktlebenszyklus in andere Märkte hinein
Teilnahme am hohen Wachstum in dynamischen Märkten
Mitziehen mit Konkurrenten oder Kunden
Erhalt von Förderungsmaßnahmen
Aufbau von Weltmarken

---

[40] Eigene Darstellung in Anlehnung an: Berndt, R., 2003, Seite 8f; Backes-Gellner, U./ Huhn, K., 2000, Seite 184f; Apfelthaler, G., 1999, Seite 12f; Dülfer, E., 2001, Seite119; Müller, S./ Kornmeier, M., 1997, Seite 86; Hollensen, S., 2004, Seite 31ff

4.2 Anforderungen an mittelständische Unternehmen

Um die Ziele, die hinter den jeweiligen Motiven stehen, zu erreichen, oder um überhaupt international tätig zu werden, müssen die Unternehmen bestimmten Voraussetzungen genügen. Die Veränderung bzw. Erweiterung des Anforderungsprofils ist auf eine Komplexitätszunahme zurückzuführen, die bei Geschäftstätigkeiten in fremden Umweltstrukturen entsteht[41]. Wegen einem erhöhten Informationsbedarf, den Schwierigkeiten der Informationsbeschaffung, kulturellen Landesunterschieden, unterschiedlichen Marktbedingungen und einem erhöhten Koordinationsbedarf entwickeln sich unternehmensbezogene, organisatorische und leistungsbezogene Anforderungen an Unternehmen, die zu den Anforderungen einer rein nationalen Geschäftstätigkeit hinzukommen oder in verändertem Ausmaß auftreten[42]. Bei einem internationalen Engagement besteht dabei für mittelständische Unternehmen prinzipiell das gleiche Anforderungsprofil wie für große Unternehmen.

Eine Internationalisierung erfordert **bezogen auf das Unternehmen** einen erhöhten Ressourcenbedarf. Zum einen müssen höhere monetäre Mittel z.B. für die Informationsbeschaffung, den Aufbau von neuen Strukturen, Transport und Versicherung und die Anpassung der Produkte an die jeweiligen Ländermärkte bereitgestellt werden, zum anderen besteht auch ein erhöhter oder veränderter Bedarf an Humanressourcen, also an international erfahrenem Personal. Für die Abwicklung von internationalen Geschäften werden mehr Mitarbeiter benötigt oder bestehende Mitarbeiter müssen für die Erfordernisse der Auslandsmärkte geschult werden, z.B. durch die Vermittlung von interkulturellen Kompetenzen oder Sprachtrainings. Vor Beginn von internationalen Tätigkeiten ist außerdem eine Veränderung der Unternehmensphilosophie erforderlich[43]. Die Zielausrichtung auf eine bestimmte Region oder ein Land muss erweitert werden auf zusätzliche Länder oder sogar die Welt als potenziellen Marktplatz.

Organisatorische Anforderungen resultieren speziell aus dem erhöhten Koordinationsbedarf, der sich aus internationalen Geschäftstätigkeiten ergibt. Bei Tätigkeiten auf mehreren Auslandsmärkten müssen die jeweiligen nationalen Aktivitäten aufeinander abgestimmt werden[44]. Eine gegenseitige Abhängigkeit ist gegeben, da die Zuordnung knapper Ressourcen zu einem Land immer deren Nicht-Zuordnung zu einem anderen Land zur Folge hat. Die Organisation muss also fähig sein, knappe Ressourcen optimal zu verteilen und deren Einsatz in mehreren Ländern zu überwachen. Außerdem muss die Organisation sicherstellen, dass das Gesamtunternehmen flexibel auf die Dynamik der

---

[41] Vgl. Meffert, H., 2000, Seite 1230

[42] Vgl. Niehoff, W./ Reitz, G., 2001, Seite 38

[43] Vgl. Cateora, P./ Graham, J., 2005, Seite 18,22

[44] Vgl. Backhaus, K./ Büschken, J./ Voeth, M., 2003, Seite 50

Ländermärkte reagieren kann und z.B. fähig ist, Marktschwankungen in einem Land auszugleichen. Dies kann etwa notwendig werden, wenn es in einem Land zu einer unerwarteten Nachfragesteigerung kommt und diese durch die vorhandenen Kapazitäten im Land nicht mehr befriedigt werden kann.

Leistungsbezogene Anforderungen beziehen sich vor allem auf den Marketing-Mix. Internationalisierungstätigkeiten erfordern in diesem Zusammenhang die genaue Kenntnis des ausländischen Marktes und die Anpassung des Produktes bzw. der Marketinginstrumente an die spezifischen Gegebenheiten des Auslandsmarktes wie unterschiedliche Kundenbedürfnisse oder neuartige Wettbewerber. Mögliche Ausprägungen reichen dabei von keiner landesspezifischen Differenzierung über standardisierte Produkte mit lokaler Adaption bis hin zu landesspezifischen Produkten[45].

Das jeweilige Anforderungsprofil an ein Unternehmen ist abhängig vom **Angebot des Unternehmens**[46] und vom ausgewählten **Zielland**.

Das Leistungsangebot des Unternehmens entscheidet in hohem Maße über den Umfang der einzusetzenden Ressourcen. Handelt es sich beim Leistungsangebot etwa um immaterielle Güter, die über elektronische Vertriebswege im Ausland abgesetzt werden können, wird zum Aufbau des Vertriebsweges weniger Kapital benötigt als beim Aufbau für ein länderübergreifendes, stationäres Vertriebsnetz. Zusätzlich ist das Angebot auch für die leistungsbezogenen Anforderungen verantwortlich. Wenn es sich beim Leistungsangebot etwa um „culture-free" Produkte handelt, die in großem Maße international standardisiert angeboten werden können, fallen die Anforderungen an eine länderspezifische Anpassung geringer aus bzw. entfallen vollständig.

Das Anforderungsprofil unterscheidet sich von Land zu Land, denn jeder Markt setzt sich aus landesspezifischen Marktteilnehmern und Umfeldfaktoren zusammen. Als Kriterien für die Ausprägungen des Anforderungsprofils können Zahl und Länder herangezogen werden, in denen Aktivitäten stattfinden[47].

---

[45] Vgl. Hollensen, S., 2004, Seite 4

[46] Wenn nicht anders erwähnt, wird keine Unterscheidung zwischen Angebot, Produkt, Leistung, Güter und Dienstleistungen getroffen und die Begriffe synonym verwendet

[47] Vgl. Hünerberg, R., 1994, Seite 33

4.3 Unternehmensanalyse als Ausgangspunkt für die Initiierung internationaler Aktivitäten

Das Vorhandensein von geeigneten Motiven reicht für einen erfolgreichen Gang in die Internationalität nicht aus. Voraussetzung ist, dass ein Unternehmen den aufgezeigten Anforderungen auch gewachsen ist. Um das festzustellen, ist eine kritische, realistische und sorgfältige Analyse der vorhandenen Potenziale und Schwachstellen unabdingbar. Diese Analyse geht allen anderen Aktivitäten zum Aufbau von Internationalisierungstätigkeiten voraus, denn eine Internationalisierung muss schließlich auch unternehmensintern umsetzbar sein[48]. Jede spätere Entscheidung leitet sich daraus ab, in welchem Ausmaß das Unternehmen in der Lage ist, die für ein Auslandsengagement notwendigen Anforderungen zu erfüllen, seien sie finanzieller, personeller, fertigungstechnischer oder organisatorischer Natur[49]. Die methodische Vorgehensweise nach Feststellung relevanter Motive setzt sich daraus zusammen, Leistungen für eine mögliche Internationalisierung auszuwählen[50] und das Unternehmen auf Wettbewerbsvorteile/ -nachteile und Ressourcen zu prüfen[51].

Abbildung 4: Methodische Voruntersuchung[52]

[48] Vgl. Rumler, A., 2002, Seite 106

[49] Vgl. Meffert, H., 2000, Seite 63

[50] Dies entfällt bei defensiven Motiven, wenn etwa die Internationalisierung durch Produktionsverlagerung ins Ausland zur Bekämpfung von Wettbewerbsnachteilen im Inland erfolgt.

[51] In der Praxis können zwar auch die Produktkandidaten und Zielmärkte simultan ausgewählt werden, zur besseren Übersicht erfolgt in diesem Buch die interne Analyse und die externe Analyse getrennt

[52] Eigene Darstellung in Anlehnung an: Apfelthaler, G., 1999, Seite 110

Obwohl zu Beginn einer Internationalisierungsentscheidung viele Faktoren noch unbekannt sind und die Beurteilung hinsichtlich der Internationalisierungsfähigkeit sehr unsicher ist, kann ein Produkt generell als geeignet angesehen werden, wenn es mindestens eines der folgenden Merkmale aufweist:

Tabelle 5: Merkmale eines geeigneten Produkts[53]

Das Produkt sollte
imstande sein, einen Mangel im Ausland zu befriedigen
einen Neuheitswert auf Auslandsmärkten haben
hohen mengenmäßigen Absatz versprechen
angemessene Preise durchsetzen können
im eigenen Unternehmen in ausreichenden Mengen vorhanden sein bzw. produziert werden können
schwer imitierbar sein
auf wenig Konkurrenz stoßen bzw. aufgrund besonderer Spezifika konkurrenzfähig sein

Durch die interne Unternehmensanalyse wird festgestellt, ob freie Ressourcen verfügbar, einsatzfähig und für eine Internationalisierung zweckmäßig sind.

Zweckmäßig sind die Ressourcen, wenn sie den Anforderungen einer internationalen Tätigkeit gewachsen sind und sich aus ihnen ein internationaler Wettbewerbsvorteil ergibt. Lässt sich dies verneinen, ist das Unternehmen trotz geeigneter Motive für einen Gang in die Internationalität nicht oder erst nach Anpassung an die internationalen Anforderungen geeignet. Mit der Darstellung der Ist-Situation lässt sich außerdem der zeitliche Rahmen erkennen, indem ein Beginn der Auslandsaktivitäten zu erreichen ist[54].

Im Hinblick auf die internationale Markterschließung müssen vor allem die folgenden Problembereiche untersucht werden:

- Organisatorische Einsatzfähigkeit,
- Fertigungsbezogene Einsatzfähigkeit,
- Kapitalbezogene Einsatzfähigkeit,
- Personalbezogene Einsatzfähigkeit[55].

---

[53] Eigene Darstellung in Anlehnung an: Apfelthaler, G., 1999, Seite 111

[54] Vgl. Jahrmann, F.-U., 2005, Seite 77

[55] Vgl. Jahrmann, F.-U., 2005, Seite 77

Zur Bestimmung dieses Internationalisierungspotenzials werden die Stärken und Schwächen eines Unternehmens identifiziert. Für eine Internationalisierung muss ein Unternehmen über Wettbewerbsvorteile verfügen, die sich aus den ermittelten Stärken ergeben und sich potenziell auch auf andere Länder übertragen lassen. Solche Wettbewerbsvorteile können sein[56]:

Tabelle 6: Internationale Wettbewerbsvorteile[57]

Vorteile in der Produkttechnologie
Vorteile in der Verfahrenstechnologie
Vorteile in der Managementtechnologie
Vorteile in der Rohstoffversorgung
Vorteile in der Beschaffung sonstiger Ressourcen
Vorteile, die sich aus dem Herkunftsland ergeben
Vorteile des Standortes des Unternehmens
Vorteile aus der Kapazitätsauslastung

Bei der internen Analyse werden Ressourcen wie u. a. die Finanzkraft, die Versorgung mit Personal und Rohstoffen, das Forschungs- und Entwicklungs-Know-how, Standortvorteile und –nachteile sowie das Management-Know-how einbezogen. Von Interesse sind alle quantitativen und qualitativen Faktoren, die die momentane Situation des Unternehmens kennzeichnen. Ob eine Ressourcenausstattung oder bestimmte Fähigkeiten einen Wettbewerbsvorteil darstellen, lässt sich nicht absolut bestimmen. Dies hängt vielmehr entscheidend von den Ressourcen und Fähigkeiten der wichtigsten Konkurrenten ab. Die Beurteilung der eigenen Stärken ist daher nur mit Bezug auf die Konkurrenten möglich[58]. Um den besten Wettbewerber zu identifizieren, kann das Management eines Unternehmens auf übliche Erfolgskennzahlen wie z.B. Marktanteile oder Umsatzanteile zurückgreifen.

---

[56] Die dargestellte Auswahl von möglichen Wettbewerbsvorteilen erhebt keinen Anspruch auf Vollständigkeit. Es lässt sich keine Aussage über die allgemeine Bedeutung einzelner Wettbewerbsvorteile vornehmen, denn deren Relevanz ist Branchenabhängig

[57] Eigene Darstellung in Anlehnung an: Perlitz, M., 2004, Seite 162

[58] Vgl. Benkenstein, M., 2002, Seite 37

Der Analyseprozess vollzieht sich daher in zwei Schritten:

- Ermittlung der strategischen Potenziale des Unternehmens,
- Bewertung der einzelnen Potenziale und deren Zuordnung zu Stärken und Schwächen in Relation zu den Wettbewerbern[59].

Die Bestimmung von strategischen Potenzialen kann wertschöpfungsorientiert oder funktionsorientiert erfolgen[60]. Gerade bei KMU mit meist flachen Hierarchien und unklar definierten Funktionsbereichen ist allerdings ein funktionsorientierter Ansatz nicht sinnvoll. Die Wertkette fasst hingegen die betrieblichen Aktivitäten zu Kategorien zusammen und macht so die zentralen wertschaffenden Aktivitäten transparent, unabhängig von der Unternehmensorganisation.

Abbildung 5: Wertkette eines Unternehmens[61]

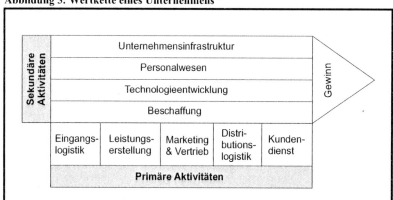

Innerhalb der Wertkette werden primäre und sekundäre Aktivitäten unterschieden. Primäre Aktivitäten sind unmittelbar mit der Herstellung und dem Vertrieb einer Leistung verbunden, sekundäre Aktivitäten haben unterstützenden Charakter. Nach Betrachtung jeder Kategorie der Wertkette werden systematisch die Ressourcen im engeren Sinne, z.B. physische Ressourcen und Humanressourcen, die Wertschöpfungs-prozesse sowie die übergreifenden Kompetenzen und Fähigkeiten ersichtlich[62].

---

[59] Vgl. Pfau, W., 2001, Seite 36

[60] Vgl. Killich, S./ Luczak, H., 2003, Seite 27

[61] Eigene Darstellung in Anlehnung an: Porter, M., 2000, Seite 66

[62] Vgl. Steinmann, H./ Schreyögg, G., 2002, Seite 182

Unternehmen, die eine Analyse in diesem Sinne noch nicht durchgeführt haben, sehen sich vor das Problem gestellt, dass das statistische Material für die Unternehmensanalyse nicht zur Verfügung steht oder für die Zwecke einer strategischen Analyse nicht aufbereitet ist. Gerade KMU, die kein ständiges Controlling betreiben, können die Informationen nicht ohne größeren Aufwand beschaffen. Nach der Ermittlung der Leistungspotenziale kann die Bewertung mit Hilfe eines Scoring-Modells erfolgen.

Abbildung 6: Bewertung von Leistungspotenzialen durch ein Scoring-Modell[63]

Leistungspotenziale	Beurteilung						
	-3	-2	-1	0	1	2	3
Produktionstechnologie						■	
Verfahrenstechnologie						■	
Managmenttechnologie				■			
Rohstoffversorgung			■				
Standort					■		
Kapazitätsauslastung				■			
Finanzsituation							■
Marketing-Konzept						■	

Die Beurteilung der Wettbewerbssituation des betrachteten Unternehmens erfolgt hier in Bezug auf den Hauptwettbewerber. Dabei bedeutet „-3", dass die Nachteile gegenüber diesem Wettbewerber sehr groß sind. Eine Bewertung mit „0" drückt aus, dass beide Unternehmen gleich gut sind. Eine „3" bedeutet schließlich, dass die Vorteile gegenüber dem Wettbewerber sehr groß sind.

Orientiert man sich beim Bewertungsprozess nicht am Hauptwettbewerber sondern an den jeweiligen Bestleistungen in der Branche, spricht man von Benchmarking[64]. Bei der Bewertung jeder einzelnen Ressource wird hier auf unterschiedliche Wettbewerber zurückgegriffen, je nachdem wer die größten Stärken bei den einzelnen Leistungspotenzialen aufweist. In der Praxis ist ein solches umfassendes Vorgehen für KMU allerdings mit Problemen verbunden. Ein Vergleich mit einigen Wettbewerbern bedeutet für KMU einen erheblichen Zeit- und Finanzaufwand. Außerdem ist es aufgrund einer oftmals fehlenden Marktforschungsabteilung schwierig, ähnlich detaillierte Informationen wie

---

[63] Eigene Darstellung in Anlehnung an: Perlitz, M., 2004, Seite 164

[64] Vgl. Benkenstein, M., 2002, Seite 39

man sie für das eigene Unternehmen besitzt auch über die Wettbewerber zusammenzu-tragen. Deswegen sollten KMU selektiv vorgehen und das Spektrum der einzubeziehen-den Daten und auch die Anzahl der betrachteten Wettbewerber von vorneherein einschränken. Weitaus schwieriger als die Ermittlung der Leistungspotenziale und deren Vergleich mit den Wettbewerbern ist die Beurteilung, ob diese Potenziale auch ausreichend sind, ein Auslandsengagement zu realisieren. Dies betrifft vor allem die finanziellen Ressourcen. Da das Management eines Unternehmens die Umweltfaktoren noch nicht kennt, skizziert die Szenariotechnik verschiedene mögliche Alternativen des Einstiegs in das Auslandsgeschäft und berechnet diese mit Hilfe von Planerfolgsrech-nungen[65]. Die Szenarien reichen dabei von einem „Best-case-Szenario" bis zu einem „Worst-case-Szenario". Alle Alternativen werden auf der Grundlage eher optimistischer bzw. eher pessimistischer Erwartungshaltungen der Entscheidungsträger erstellt.

Zur Überprüfung der „International Readiness" können KMU mittlerweile auch Computerprogramme einsetzen, die von verschiedenen Herstellern angeboten werden. Die beiden Expertensysteme „Export Expert: Judging your Export readiness" und „CORE" sind beispielsweise Werkzeuge, mit denen sich die relevanten Leistungspoten-ziale von Unternehmen analysieren lassen[66]. Diese Programme erfassen im Wesentli-chen die folgenden Bereiche:

- Wettbewerbsfähigkeit im Inlandsmarkt,
- Motivation für die Internationalisierung,
- Engagement der Eigentümer,
- Eignung der Produkte für Auslandsmärkte,
- Fähigkeiten, Wissen und Ressourcen,
- Erfahrungen[67].

Nach Kenntnis der eigenen Lage ist die interne Voruntersuchung abgeschlossen. Nun kann eine profunde Recherche aller potenziell in Frage kommenden Zielmärkte und deren Selektion vorgenommen werden. Ziel ist dabei, die Potenziale des Unternehmens mit den Anforderungen der Unternehmensumwelt in Einklang zu bringen. Dies ist der Fall, wenn die Wettbewerbsvorteile in ein Land übertragen werden können, oder ein Land die Möglichkeit bietet, Wettbewerbsnachteile im Inland auszugleichen.

---

[65] Vgl. Benkenstein, M., 2002, Seite 45

[66] Vgl. Albaum, G./ Strandskov, J./ Duerr, E., 2001, Seite 31

[67] Vgl. Albaum, G./ Strandskov, J./ Duerr, E., 2001, Seite 31

4.4 Zurückhaltung deutscher Mittelständler beim Eintritt in ausländische Märkte

Generell lässt sich feststellen, dass die Zurückhaltung von Unternehmen bei Direktinvestitionen wesentlich höher ist als bei der Vornahme von reinen Exporttätigkeiten, die den größten Anteil internationaler Aktivitäten von KMU darstellen[68].

Abbildung 7: Auslandsengagements von KMU in Prozent[69]

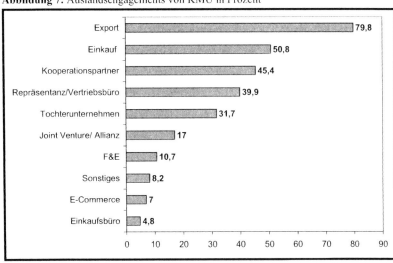

Auch beschränken sich die meisten KMU auf den Handel mit Europäischen Partnern, während die Zurückhaltung bei der Vornahme von Unternehmenstätigkeiten außerhalb des Europäischen Wirtschaftsraumes groß ist. Europa ist das Internationalisierungsziel von ca. 75% der KMU, während Amerika mit ca. 12% weit abgeschlagen auf Platz 2 liegt.

---

[68] Vgl. Backes-Gellner, U./ Huhn, K., 2000, Seite 183

[69] Eigene Darstellung in Anlehnung an: Faix, W., 2003, Seite 27

Abbildung 8: Internationalisierungsziele deutscher KMU des Jahres 2004[70]

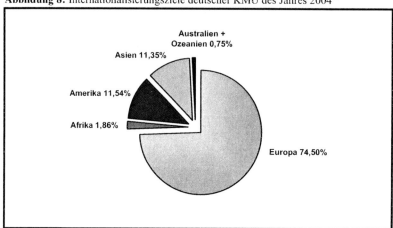

Hieraus lässt sich ablesen, dass deutsche Unternehmen bei ihrer Internationalisierung bisher mehr auf Europäisierung als auf Globalisierung gesetzt haben. Diese Verhaltensweise vieler KMU lässt sich auf verschiedene Faktoren zurückführen. Als wichtige Gründe für die Zurückhaltung zu einer umfangreichen Internationalisierung können zu geringe finanzielle Ressourcen, ein unzureichender Informationsstand und nicht hinreichendes Internationalisierungs-Know-how angesehen werden[71].

Die im Vergleich zu Großunternehmen geringere Eigenkapitalquote mittelständischer Unternehmen erschwert häufig die Vorfinanzierung bzw. langfristige Finanzierung von Auslandsaktivitäten[72]. Formen der Internationalisierung, die mit einem hohen Kapitalbedarf einhergehen sind von KMU deswegen schwieriger zu realisieren. Dies kann als Grund für die starke Konzentration auf Exportaktivitäten angesehen werden.

Ein unzureichender Informationsstand und fehlendes Internationalisierungs-Know-how bedingen ein höheres wahrgenommenes Risiko und erzeugen Ängste vor den Risiken unbekannter Märkte, die Internationalisierungsbestrebungen blockieren.

Um diesen Risiken zu entgehen, konzentrieren sich KMU meistens nur auf Länder mit einer geringen kulturellen Distanz wie z.B. bei Unterschieden in der Sprache, dem politischen System und der Kultur im Allgemeinen. Für deutsche KMU erklärt dies die Konzentration auf den Europäischen Wirtschaftsraum. Unmittelbar benachbarte Märkte

---

[70] Eigene Darstellung in Anlehnung an: O.V. (a), 2005, Seite 474-476

[71] Vgl. Backes-Gellner, U./ Huhn, K., 2000, Seite 183

[72] Vgl. Backes-Gellner, U./ Huhn, K., 2000, Seite 186

scheinen wegen der starken Ähnlichkeiten der ökonomischen, politischen, soziologischen und kulturellen Umweltfaktoren das optimale Expansionsgebiet zu sein. Erfolgt allerdings eine Fokussierung nur auf benachbarte Länder, besteht die Gefahr Marktchancen in entfernten Ländern zu verpassen[73].

Während Großunternehmen Verluste in einem Bereich durch Gewinne mit anderen Produkten kompensieren können, ist dies KMU aufgrund der meist eingeschränkten Produktpalette nicht möglich[74]. Dementsprechend ist auch das wirtschaftliche Risiko deutlich höher. Neben dem wirtschaftlichen Risiko treten auch politische- und Währungsrisiken auf, welche viele KMU scheuen. Mit der Einführung des EURO als gemeinsamer Währung, dem Wegfall eines Wechselkursrisikos innerhalb der Mitgliedsstaaten, einer fortschreitenden europäischen Integration und durch vielfach vereinfachte Investitionsbedingungen hat der Außenhandel im europäischen Raum deutlich an Risiko verloren[75]. Somit besteht handelspolitisch für ein Unternehmen in allen Mitgliedsländern der Europäischen Union im Wesentlichen die Situation des Heimatmarktes, ausgenommen der kulturellen Umweltfaktoren.

Schließlich sind Mittelständler als Familienunternehmen regional stark verwurzelt. Die daraus resultierende Bindung an die Heimatregion kann die Eroberung neuer Auslandsmärkte blockieren.

---

[73] Vgl. Albaum, G./ Strandskov, J./ Duerr, E., 2001, Seite 158

[74] Vgl. Geulen, T., 2001, Seite 27

[75] Vgl. Niehoff, W./ Reitz, G., 2001, Seite 36

5 Länderauswahl bei Auslandsengagements

Nachdem das Potenzial eines Unternehmens festgestellt wurde, muss eine Entscheidung darüber gefällt werden, in welchen und in wie vielen Ländern Geschäftstätigkeiten aufgenommen werden sollen[76]. Die Länderauswahl ist eine strategische Basisentscheidung, denn die Entscheidung für ein bestimmtes Land beeinflusst die Ressourcenbelastung des Unternehmens und die Ausprägungen des gesamten Marketing-Mix. Aus diesem Grund muss die Auswahl eines bestimmten Marktes methodisch nach Maßgabe der jeweiligen Internationalisierungsmotive vorgenommen werden und wohl überlegt sein, denn die Kosten eines Markteintritts sind meist beträchtlich und der Schaden einer Fehlentscheidung kann für KMU existenzbedrohend sein.

Das Ziel der Marktwahl ist, alle Länder mit hohen ökonomischen Ertragschancen zu identifizieren, auf die die vorhandenen Wettbewerbsvorteile optimal übertragen werden können. Diese Länder besitzen eine hohe **Marktattraktivität** und weisen gleichzeitig die größte Erfolgswahrscheinlichkeit für ein Unternehmen auf. Außerdem müssen in diesen identifizierten Ländern auch die begrenzten Ressourcen den größten Grenznutzen ergeben können[77]. Dies ist abhängig von den **Marktbarrieren**, also allen natürlichen und von anderen Marktparteien bewusst aufgebauten Bedingungen, deren Erfüllung zum Eintritt in einen Ländermarkt und zur bedarfsgerechten Marktbearbeitung notwendig wird[78].

Bezüglich der Anzahl der bearbeitbaren Länder ist die Entscheidung von den vorhandenen Unternehmensressourcen abhängig. Internationale Märkte können zwei Dimensionen aufweisen:

- Internationaler Markt als ein Land oder eine Gruppe von Ländern,
- Internationaler Markt als eine Gruppe von Konsumenten aus verschiedenen benachbarten Ländern mit ähnlichen Merkmalen[79].

---

[76] Für Unternehmen besteht auch die Möglichkeit, bei der Auswahl von Märkten passiv zu bleiben und auf Initiativen ausländischer Käufer oder Repräsentanten zu warten. Die Marktauswahl wird hier von den ausländischen Interessenten vorgenommen. Auf die Alternative der indirekten Marktauswahl wird in diesem Buch verzichtet, da der Selektionsprozess hier unsystematisch bleibt und weitere Märkte mit Erfolgspotenzial unbeachtet bleiben

[77] Vgl. Welge, K./ Holtbrügge, D., 2003, Seite 89

[78] Vgl. Backhaus, K./ Büschken, J./ Voeth, M., 2003, Seite 129

[79] Vgl. Hollensen, 2004, Seite 26

In diesem Buch wird die Marktsegmentierung nach Ländern vorgenommen. Die Segmentierung nach Ländern oder Ländergruppen ist von Vorteil, weil Daten für KMU länderbasiert leichter zu beschaffen sind als länder-übergreifende Statistiken. Dabei wird in Kauf genommen, dass Ländergrenzen in vielen Fällen das Resultat von Politik und Kriegen sind, und die Ähnlichkeiten des Konsumentenverhaltens zwischen Konsumenten in verschiedenen Ländern nicht in vollem Maße berücksichtigt werden.

5.1 Filterprozess

Methodisch geht man bei einer Länderauswahl wie bei einem Filter von einer Grobauswahl zu einer engmaschigen Feinauswahl über[80]. Auf jeder Stufe wird die Gesamtzahl der in Frage kommenden Länder um diejenigen reduziert, die den Anforderungen der jeweiligen Filterstufe nicht gerecht werden.

Abbildung 9: Methodik der Länderauswahl – Mehrstufiger Selektionsprozess[81]

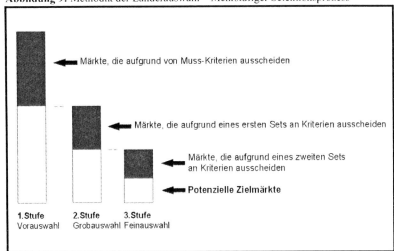

---

[80] Vgl. Bruns, J., 2003, Seite 71

[81] Eigene Darstellung in Anlehnung an: Keegan, W.J./ Schlegelmilch, B.B./ Stöttinger, B., 2002, Seite 286

Durch Anwendung von Ausschlusskriterien wird in einer **Vorauswahl** die Gesamtheit der Länder auf eine überschaubare Anzahl reduziert. Durch die Vorauswahl sollen alle Länder von der Marktbearbeitung ausgeschlossen werden, die den übergeordneten Internationalisierungsmotiven nicht gerecht werden können und subjektive Mindestanforderungen nicht erfüllen. Dazu gehören z.b. sachliche Gründe, etwa das Fehlen eines Bedarfs für das Leistungsangebot des Unternehmens oder ein Mindest-Pro-Kopf-Einkommen, und subjektive Gründe wie Abneigungen gegenüber bestimmten Ländern aus ethischen oder weltanschaulichen Gründen[82]. Bei absatzpolitischen Internationalisierungsmotiven muss ein Land ausreichende Marktchancen bieten. Wenn aber beschaffungspolitische Motive vorliegen, kommt es darauf an, ob die gesuchten Beschaffungsgüter wie z.B. Rohstoffe im jeweiligen Zielland überhaupt vorhanden und beziehbar sind. Ist das dominierende Motiv auf die Senkung der Produktionskosten gerichtet, so kommen nur solche Länder in die engere Wahl, die auf mittlere Sicht als Niedriglohnländer eingestuft werden können[83]. Eine erste Vorauswahl ist besonders für KMU notwendig, da die beschränkten Ressourcen und die Vielzahl der Auslandsmärkte es nicht möglich machen, alle Länder oder Länderkombinationen im Hinblick auf ihre Zielbeiträge detailliert zu bewerten[84].

Im Rahmen einer **Grobauswahl** sind anschließend diejenigen Länder herauszufiltern, in denen eine erfolgreiche Unternehmenstätigkeit aus Gründen der Umweltbedingungen nicht möglich erscheint. Vorrangig ist dabei die Analyse der politischen Stabilität, da z.b. Streiks, Enteignungen, Revolutionen oder Grenzschließungen existenzielle Bedeutung für das international tätige Unternehmen haben können[85]. Weitere Eintrittsbarrieren können sich durch einen Mangel an geeigneten Interaktionspartnern, aus rechtlichen Beschränkungen (Importverbote, Beteiligungsbeschränkungen, „local content" Bestimmungen), aus sozialen und ideologischen Gründen (Ausländerfeindlichkeit, strenge soziale Schichtung, religiöser Fanatismus, Kommunikationstabus) und durch natürliche Gegebenheiten (extreme klimatische und topographische Bedingungen, fehlende Infrastruktur) ergeben[86].

Im Rahmen einer **Feinauswahl** werden schließlich aus den grob selektierten Zielmärkten mittels konkreten Nachfragedaten, Wettbewerbsdaten und in Abstimmung mit der internen Potenzialanalyse endgültige Zielmärkte ausgewählt. Diese potenziellen Zielmärkte lassen den höchsten Zielerreichungsgrad erwarten.

---

[82] Vgl. Berndt, R./ Altobelli, C.F./ Sander, M., 2003, Seite 97

[83] Vgl. Dülfer, E., 2001, Seite 137

[84] Vg. Meffert, H./ Bolz, J., 1998, Seite 109

[85] Vgl. Meffert, H./ Bolz,J., 1998, Seite 112

[86] Vgl. Dülfer, E., 2001, Seite 137

Der Vorteil einer mehrstufigen Selektion anhand von Auswahlkriterien liegt darin, dass auf den ersten Filterstufen keine speziellen Primärinformationen erforderlich sind und auch KMU trotz beschränkter Ressourcen keine Nachteile bei der Informationsbeschaffung haben. Als genereller Nachteil ist allerdings zu sehen, dass das Ergebnis stark subjektiv geprägt ist. Durch die Auswahl der Filterkriterien und die Beurteilung qualitativer Kriterien hängt das Ergebnis wesentlich von den Einschätzungen des Analysten ab und seiner Risikobereitschaft. Um diesem Nachteil entgegenzuwirken, sollten mehrere unabhängige Personen in die Bewertung eingebunden werden[87].

Ergebnis des Selektionsprozesses ist eine Rangfolge von Ländermärkten:

- Schwerpunkt-/Kernmärkte,
- Präsenzmärkte,
- Gelegenheitsmärkte,
- Abstinenzmärkte[88].

Die Schwerpunktmärkte genießen erste Priorität. Hier treffen hohe Chancen auf geringe Risiken und es werden ein starkes Engagement und eine hohe Mittelzuweisung notwendig. Präsenzmärkte sind wichtige Märkte mit hohen Chancen und eventuell auch hohen Risiken, die eine selektive Ressourcenzuweisung erfahren. Gelegenheitsmärkte erhalten nur geringe Ressourcen für sporadische Aktivitäten zur Mitnahme lukrativer Nebengeschäfte. Abstinenzmärkte erfahren keine Marktbearbeitung, da geringen Chancen hohe Risiken gegenüberstehen.

Nachdem potenzielle Auslandsmärkte identifiziert sind, bietet sich ein persönlicher Besuch vor Ort an, um die sekundären Informationen zu bestätigen oder zu entkräften[89].

5.2 Auswahlkriterien

Voraussetzung für eine Länderauswahl ist eine Analyse der internationalen Rahmenbedingungen, denn diese determinieren die Marktattraktivität bzw. die Marktbarrieren und können eine Internationalisierung hemmen oder fördern. Relevante vergangene, gegenwärtige und zukünftige Bedingungen sollten dabei bewertet werden. Der Aufwand, der bei der Analyse vorgenommen werden muss, ist von der Markteintrittsstrategie abhängig. Bei einer reinen Exporttätigkeit muss hauptsächlich der Markt identifiziert werden, der den größten Umsatz verspricht. Bei anderen Eintrittsformen müssen weitere

---

[87] Vgl. Keegan, W.J./ Schlegelmilch, B.B./ Stöttinger, B., 2002, Seite 286

[88] Vgl. Hünerberg, R., 1994, Seite 112

[89] Vgl. Keegan, W.J./ Schlegelmilch, B.B./ Stöttinger, B., 2002, Seite 287

Kriterien beachtet werden[90]. Wird etwa ein Joint Venture angestrebt oder soll ein Produktionsstandort im Ausland aufgebaut werden, müssen in der Länderauswahl auch Kriterien wie z.b. das Vorhandensein einer geeigneten Infrastruktur, potenzielle Partner, oder verfügbare Arbeitskräfte beachtet werden.

Folgende Faktoren beeinflussen die Marktattraktivität sowie die Marktbarrieren und können generell als Länderauswahlkriterien herangezogen werden:

- Kulturelle Faktoren,
- Natürliche Umwelteinflüsse,
- Politische Faktoren,
- Rechtliche Faktoren,
- Soziale Faktoren,
- Ökonomische Faktoren,
- Wettbewerbsbedingungen[91].

Aus der Gesamtheit der entscheidungsrelevanten Umweltmerkmale sind zur Feststellung attraktiver Ländermärkte nur solche Schlüsselvariablen auszuwählen, die es erlauben, eine relativ kleine Anzahl attraktiver Länder für die Feinanalyse zu selektieren, ohne tatsächlich erfolgversprechende Auslandsmärkte vorzeitig zu verwerfen. Außerdem sollten die entsprechenden Informationen in den beiden ersten Auswahlstufen relativ kostengünstig und leicht beschaffbar sein.

Eine Auflistung möglicher Auswahlkriterien zeigt die folgende Tabelle:

---

[90] Vgl. Holt, D. H./ Wigginton, K.W., 2002, Seite206 f

[91] Vgl. Bruns, J., 2003, Seite 71

Tabelle 7: Auflistung möglicher Auswahlkriterien[92]

Kriterien	Messbarkeit	Zeitliche Stabilität
Ökonomische Merkmale: Marktvolumen Bruttoinlandsprodukt Marktwachstum Inflationsrate Arbeitslosenquote Verfügbarkeit und Zugang zu Kapital Konkurrenzsituation	Leicht erfassbar durch Länderstatistiken, etc.	Relativ hoch
Natürliche/ Technische Merkmale: Topographische Bedingungen Lebenswichtige Ressourcen Klimatische Bedingungen Entwicklungsstand Infrastruktur Transportmöglichkeiten Kommunikationsmöglichkeiten Technologische Entwicklung Grad der Verstädterung	Leicht erfassbar durch sekundärstatistisches Material	Hoch
Soziale und kulturelle Merkmale: Weltanschauung Verhaltensrichtlinien Sprache Bildungssystem und –grad Werte und Einstellungen Arbeitsmoral Religion Bevölkerungsschichten Lebenserwartung Einkommensverteilung Armut Sozialsystem	Leicht erfassbar durch sekundärstatistisches Material	Sehr hohe zeitliche Stabilität
Fortsetzung der Tabelle auf der nächsten Seite.		

---

[92] Eigene Darstellung in Anlehnung an: Meffert, H./ Bolz, J.,1998,Seite 111;Bruns, J., 2003,Seite 71-77

Kriterien	Messbarkeit	Zeitliche Stabilität
Politisch-Rechtliche Merkmale: Unternehmertätigkeit des Staates Verhältnis zu anderen Ländern Politische Stabilität Politische Traditionen Regierungsform Ethische oder religiöse Spannungen Gewerkschaftseinfluss Korruption Unabhängigkeit der Justiz Rechtssicherheit Gesetzgebungsverfahren Außenhandelsgesetze Beachtung internationaler Gesetze Patentschutz Internationale Vereinbarungen	Problem- und lückenlos durch Experten zu erheben	Geringe Stabilität möglich

5.3 Auswahltechniken

Die Tätigkeit auf Auslandsmärkten ist durch die genannten Einflussfaktoren mit Risiken verbunden, die den erwarteten Chancen entgegenstehen. Die Gesamtheit der Risiken wird als Länderrisiko bezeichnet[93]. Zur Bestimmung des Länderrisikos können im Filterprozess verschiedene Verfahren zum Vergleich mehrerer Alternativen angewendet werden. Zur Durchführung der systematischen Vorauswahl und Grobauswahl eignen sich insbesondere das Checklistenverfahren und das Punktbewertungsverfahren. Dazu können alternativ Ratings von externen Anbietern herangezogen werden. Für die Feinauswahl bieten sich Verfahren aus dem Bereich der Investitionsrechnung an.

Das Checklistenverfahren ist das unkomplizierteste Instrument. Die Länder werden hierbei auf einige grundsätzliche Anforderungen überprüft. Im Rahmen von Checklisten werden eine Reihe relevanter Kriterien aufgestellt und die Erfüllung für jedes einzelne Land ermittelt.

---

[93] Vgl. Meffert, H./ Bolz, J., 1998, Seite 68

Tabelle 8: Checklistenverfahren[94]

		Umwelteinflüsse				
		Extreme natürliche Bedingungen	Politische Stabilität	Unabhängigkeit der Justiz	Gleiche Sprache	Niedrige Inflationsrate
Potenzielle Zielländer	Land A	X			X	
	Land B	X	X	X		
	Land C		X	X	X	X
	Land D		X	X		X

Mit Punktbewertungsverfahren wird eine quantifizierte Entscheidungsgrundlage erarbeitet[95]. Hierzu werden anhand der Auswahlkriterien für die einzelnen Länder Gesamtpunkte berechnet. Die einzelnen Kriterien werden dabei unterschiedlich gewichtet, um deren unterschiedliche Bedeutung für die Unternehmung zu berücksichtigen. Durch die Einführung von Mindestpunktzahlen können K.-o.-Kriterien eingeführt werden. Mehrere Punktbewertungsmodelle können in Form eines Rasters nacheinander geschaltet werden. Auf diese Weise kann bereits mit wenigen Kriterien eine Grobauswahl erfolgen, die in einem sequentiellen Ablauf immer stärker verfeinert wird.

Tabelle 9: Punktbewertungsverfahren[96]

Kriterium	Gewicht	Bewertung	Gesamtpunktzahl	Mindestpunktzahl
Politische Stabilität	0,50	7	3,5	2
Rechtssicherheit	0,25	3	0,75	0,5
Niedrige Inflationsrate	0,25	2	0,5	0,5
Insgesamt	1	-	4,75	3

Alternativ zu selbst erstellten Punktbewertungsmodellen können auch Ratingansätze gewählt werden. Diese werden von externen Unternehmen regelmäßig berechnet und unterscheiden sich nur dadurch, dass die Auswahlkriterien und Gewichtungen vorgegeben sind und nicht unternehmensspezifisch zusammengestellt werden. Besonders für KMU sind Länderratings von Interesse, denn eine eigene Punktbewertung bedingt einen erhöhten Aufwand bei der Informationsbeschaffung. Der „BERI-Index" der BERI S.A, Genf, wird z.B. für 50 Länder dreimal jährlich erstellt. Hier werden Country-Ratings aufgrund von Expertenurteilen erstellt. Der „BERI-Index" setzt sich aus drei Subindizes zusammen, dem Index des allgemeinen Geschäftsklimas, dem Index des politischen Risikos und dem Index des Rückzahlungsrisikos für Erträge und

---

[94] Eigene Darstellung in Anlehnung an: Dülfer, E., 2001, Seite 138

[95] Vgl. Becker, J., 2002, Seite 476

[96] Eigene Darstellung in Anlehnung an: Dülfer, E., 2001, Seite 140

Kapital[97]. Weitere Country-Ratings werden in Deutschland u. a. von Kreditversicherern und Finanzinstituten durchgeführt.

Als Nachteil dieser Verfahren, besonders der Rating-Ansätze, kann angesehen werden, dass die Unterschiede innerhalb eines Landes nicht ausreichend berücksichtigt werden. Dies ist besonders bei großen Märkten wie China problematisch, die an sich heterogen sind und starke kulturelle, strukturelle und ökonomische Differenzen innerhalb des Landes bestehen.

Wenn ein Unternehmen in mehr als zwei Ländern tätig wird, können zur Visualisierung auch Länderportfolios erstellt werden. Diese sollen eine optimale Kombination mehrerer zu bearbeitender Länder ermöglichen. Zu diesem Zweck werden einzelne Länder in eine zweidimensionale Matrix eingeordnet. Die Achsen sind durch Schlüsseldimensionen gekennzeichnet, die die Marktattraktivität und das Risikopotenzial eines Landes widerspiegeln[98]. Länderportfolios können aber auch von anderen Dimensionen ausgehen, je nach den Internationalisierungsmotiven des Unternehmens. Hinter allen Dimensionen verbergen sich Punktbewertungen einer Vielzahl von Einflussfaktoren.

Tabelle 10: Relevante Faktoren bei der Zusammenstellung eines Portfolios[99]

Prinzip	Realisierung
Risikoausgleich	Kombination risikoarmer und risikoreicher Länder
Gewinnoptimierung	Kombination von gewinnbringenden und (noch) nicht gewinnbringenden Ländermärkten
Investitionsausgleich	Kombination von Ländermärkten mit hohem und mit niedrigem Investitionsbedarf
Know-how-Ausgleich	Kombination von bekannten und unbekannten Kulturkreisen
Ressourcenausgleich	Kombination von ressourcenaufwendigen und weniger ressourcenaufwendigen Ländermärkten
Wettbewerbsausgleich	Kombination von wettbewerbsintensiven und weniger wettbewerbsintensiven Ländermärkten
Technologieausgleich	Kombination von High-Tech- und Low-Tech- Ländermärkten
Umsatzausgleich	Kombination von umsatzstarken und umsatzschwachen Ländermärkten

In die erstellte Matrix werden schließlich die einzelnen Länder als Kreise eingetragen. Die Größe einzelner Märkte kann durch unterschiedliche Kreisflächen dargelegt werden.

---

[97] Vgl. Hünerberg, R., 1994, Seite 384

[98] Vgl. Bruns, J., 2003, Seite 82

[99] Eigene Darstellung in Anlehnung an: Hünerberg, R., 1994, Seite 111

Abbildung 10: Fiktives Beispiel für ein Länderportfolio[100]

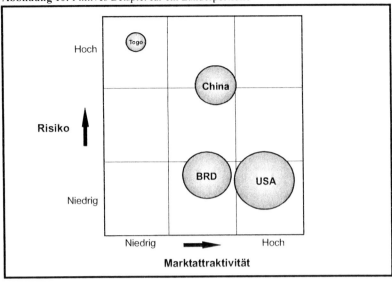

---

[100] Eigene Darstellung in Anlehnung an: Bruns, J., 2003, Seite 83

6 Marktanalytische Kriterien zur Chancen- und Risiken-evaluation

Die theoretisch vorgestellte Länderauswahl wird in diesem Kapitel verständlich gemacht, indem die Volksrepublik China im Rahmen einer Länderanalyse anhand von abstrakten Auswahlkriterien untersucht wird. Es wird aufgezeigt, wie Unternehmen ein Informationsdefizit beseitigen können und welche Informationen für eine begründete Länderauswahl gesammelt werden müssen[101]. Entscheidungsrelevant sind die Informationen immer dann, wenn aus ihnen Chancen und Risiken abgeleitet werden können und sie so das Potenzial zur Bildung von Länderpräferenzen besitzen.

6.1 Systematisierung der marktanalytischen Kriterien

Anhand von marktanalytischen Kriterien lässt sich ein fundierter Ländervergleich nur vornehmen, wenn die relevanten Informationen nicht nur gesammelt, sondern auch miteinander verglichen werden können. Eine wahllose und länderübergreifend uneinheitliche Aneinanderreihung von Fakten lässt einen Vergleich zwischen Ländern nur mit erhöhtem Aufwand zu.

Für einen systematischen Vergleich müssen die Auswahlkriterien für jedes Land einheitlich gegliedert werden. Dazu werden sie zu einem so genannten „**Country Notebook**"[102] zusammengefasst. Hierbei handelt es sich um ein Gliederungsschema, durch das alle auswahlrelevanten Informationen methodisch aufbereitet werden. Man erhält dadurch eine gegliederte Informationssammlung, die einen profunden Einsatz der Länderauswahltechniken ermöglicht. Das Gliederungsschema kann zwar individuell gestaltet werden, muss aber, um einen Vergleich zwischen mehreren Ländern einfach und schnell vornehmen zu können, für jedes betrachtete Land gleichermaßen gültig sein. Um das „Country Notebook" überschaubar zu halten und den Kosten- und Zeitaufwand nicht explodieren zu lassen, ist es notwendig, die Menge der Informationen knapp und klar zu halten.

Bei den zusammengetragenen Informationen soll es sich deshalb um Basisinformationen handeln, aus denen Chancen und Risiken abgeleitet werden können und die erst zu einem späteren Zeitpunkt, nach erfolgter Entscheidung für die Bearbeitung eines Landes, eingehender analysiert und für die Marktsegmentierung und Unternehmensanpassung verwendet werden[103].

---

[101] Vgl. Picot, A./ Reichwald, R./ Wigand, R.T., 2003, Seite 79

[102] Vgl. Cateora, P./ Graham, J., 2005, Seite 592

[103] Vgl. Daniels, J.D./ Radebaugh, L.H./ Sullivan, D.P., 2004, Seite 383

Das Management erhält durch ein „Country Notebook" alle Informationen, um die **Länderattraktivität** und die vorhanden **Marktbarrieren** für die Länderauswahl abschätzen zu können. Die Länderattraktivität umfasst alle Chancen, die einen ausländischen Markt für eine Bearbeitung als lohnend erscheinen lassen[104]. Als Marktbarrieren können alle Bedingungen bezeichnet werden, deren Erfüllung zur bedarfsgerechten Marktbearbeitung notwendig ist und die sich für das Unternehmen als hemmend erweisen[105]. Dazu gehören vor allem Markteintrittsbarrieren wie z.b. Zölle, aber auch Marktaustrittsbarrieren wie z.b. Vertragsstrafen bei einer Auflösung der Absatzmittlerbindung.

Aus den Marktbarrieren lassen sich Hinweise für eine notwendige Unternehmens- bzw. Produkt- und Marketinganpassung nach erfolgter Entscheidung für das entsprechende Land ableiten. Aus Informationen über klimatische Barrieren lassen sich z.b. Verpackungsanpassungen absehen, die aufgrund eines tropischen Klimas notwendig werden. Sind die Unterschiede der Marktbedingungen, verglichen mit dem Heimatmarkt, zu groß und können mit den vorhandenen Ressourcen nicht überbrückt werden, neutralisieren die Marktbarrieren die Marktattraktivität und das entsprechende Land muss ausselektiert werden[106].

Marktbedingungen von Ländern sind nicht konstant und verändern sich im Zeitablauf ständig. Um nach erfolgter Entscheidung für ein Engagement in einem Land diese Tatsache zu berücksichtigen, ist das „Country Notebook" auch nach der Länderauswahl ständig zu aktualisieren und als Informationsquelle heranzuziehen, z.B. bei Entscheidungen über Produktinnovationen oder neuen Werbekampagnen. Durch ständige Beobachtung der Märkte wird außerdem sichergestellt, dass kein zukünftiger Trend missachtet wird.

In einem „Country Notebook" werden alle entscheidungsrelevanten Faktoren aufgelistet, die Marktgeschehen und Investitionen beeinflussen. Dazu gehören z.B. der gesellschaftspolitische Rahmen, der volkswirtschaftliche Entwicklungsstand und das Wachstumspotenzial, das soziokulturelle Umfeld, der Stand der technischen und infrastrukturellen Entwicklung, die Qualität der Beschaffungsmärkte, sowie der Produktions- und Absatzbedingungen innerhalb der Wertschöpfungskette. Zu jedem Faktor werden allgemeine und aussagefähige Informationen präsentiert, die eine Interpretation hinsichtlich Marktattraktivität und Marktbarrieren erlauben müssen. Zum Beispiel ist nicht nur die Tatsache entscheidend, das China von Deutschland

---

[104] Vgl. Becker, J., 2002, Seite 469

[105] Vgl. Becker, J., 2002, Seite 471

[106] Vgl. Backhaus, K./ Büschken, J./ Voeth, M., 2003, Seite 129

geographisch weit entfernt ist, sondern die Konsequenz daraus für das Unternehmen, also ein hoher Transportaufwand.

Zur Strukturierung der Länderanalyse werden wesensähnliche Kriterien zu übergeordneten Gruppen zusammengefasst. Diese Gruppen bauen aufeinander auf und beeinflussen sich gegenseitig. Die Abgrenzung der einzelnen Gruppen untereinander erfolgt anhand der Marktbarrieren, die aus den Umweltbedingungen hervorgehen. Diese lassen sich in strukturelle und in strategische Marktbarrieren einteilen[107]. Strukturelle Marktbarrieren sind ursprünglicher Natur. Zu ihnen gehört etwa der Wirtschaftsraum mit den Kriterien „Geographie" und „Klima". Strategische Marktbarrieren werden von anderen Marktparteien bewusst aufgebaut. Zu ihnen gehören etwa die politisch-rechtlichen Bedingungen oder die Wettbewerbssituation. Die Gliederung des „Country Notebook" erfolgt anhand dieser Zweiteilung, indem erst die strukturellen und danach die strategischen Marktbarrieren untersucht werden. Die strukturellen Marktbarrieren sollten zuerst analysiert werden, da sie vom Unternehmen nicht verändert werden können[108]. Sind diese nicht zielkonform oder übersteigt die Anpassung des Unternehmens die vorhandenen Ressourcen, kann die Analyse vorzeitig abgebrochen werden. Außerdem begründen die strukturellen Bedingungen die strategischen, z.B. ist das politische Umfeld ein Resultat der Landeshistorie und der Kultur.

Eine strikte Trennung zwischen Marktattraktivität und Marktbarrieren ist bei der Bildung von übergeordneten Gruppen und der Gliederung des „Country Notebook" nicht sinnvoll, denn viele Kriterien determinieren Chancen und Risiken zugleich. Zu den kulturellen Besonderheiten zählen z.B. die Sprache und auch die Religion. Während bei der Analyse eines Landes die gleiche Sprache als Chance angesehen werden kann, kann eine unterschiedliche Religion eine Barriere darstellen.

Die folgende Abbildung zeigt ein Aufbaubeispiel für ein „Country Notebook", wie es für die Untersuchung der VR China verwendet werden kann:

---

[107] Vgl. Backhaus, K./ Büschken, J./ Voeth, M., 2003, Seite 129

[108] Vgl. Bruns, J., 2003, Seite 36

Abbildung 11: Aufbaubeispiel für ein Country Notebook[109]

```
A  Wirtschaftshistorie
B  Wirtschaftsraum
   1 Geographie
   2 Klima
   3 Topographie
   4 Ressourcen
   5 Bevölkerung
C  Kulturelle Besonderheiten
   1 Sprache
   2 Religion
   3 Sozialverhalten
   4 Geschäftsverhalten
   5 Lebensgewohnheiten
   6 Werte, Einstellungen, Rituale
D  Politisch-rechtliche Bedingungen
   1 Politisches System
   2 Protektionistische Barrieren
   3 Rechtsrahmen und Rechtssicherheit
E  Ökonomie
   1 Bruttoinlandsprodukt
   2 Abnehmerstruktur
   3 Währung und Inflation
   4 Erzielbare Preise
   5 Außenhandel
   6 Arbeitsmarkt
   7 Investitionen aus dem Ausland
F  Wettbewerbssituation
G  Infrastruktur
   1 Transport
   2 Kommunikation und Medien
   3 Technologielevel
   4 Energieversorgung
```

Die Wirtschaftshistorie, der Wirtschaftsraum und die kulturellen Besonderheiten stellen die strukturellen Umweltbedingungen dar, denen ein Unternehmen begegnet. Die kulturellen Besonderheiten eines Landes hängen von der Geschichte und den natürlichen Bedingungen ab[110]. Entsprechend beginnt die Analyse der strukturellen Basis mit der Betrachtung der relevanten geschichtlichen Aspekte, des Wirtschaftsraums und schließt mit den kulturellen Besonderheiten ab.

Die strategischen Bedingungen sind dynamischen und langfristigen Veränderungen in der Zukunft ausgesetzt. Außerdem können sie durch das Unternehmen in unterschiedlichem Ausmaß mitgestaltet werden. Ein Unternehmen kann z.B. durch gezielten Einsatz

---

[109] Eigene Darstellung in Anlehnung an: Cateora, P./ Graham, J., 2005 Seite 592-600

[110] Vgl. Cateora , P./ Graham, J., 2005 Seite 58

der Ressourcen die Wettbewerbssituation zu seinen Gunsten entscheidend beeinflussen. Die politisch-rechtlichen Bedingungen können stattdessen in weitaus geringerem Umfang, etwa durch Lobbyismus, mitgestaltet werden. Das politisch-rechtliche Umfeld sollte als erste der strategischen Bedingungen analysiert werden, denn die Ausprägungen der ökonomischen Bedingungen, der Wettbewerbssituation und der Infrastruktur werden davon direkt beeinflusst. Zum Beispiel determiniert die Politik mit ihren Entscheidungen zum Bau von Straßen die Infrastruktur eines Landes.

Der Informationsbedarf und die Interpretation der Informationen sind abhängig von der Branche, der Produktart und den Internationalisierungsmotiven. Wenn ein Unternehmen z.b. aufgrund seiner Motive nur an Export interessiert ist, benötigt es zur Länderauswahl mehr Informationen über das Vorhandensein von etablierten Distributionskanälen und keine über Produktionsstandorte. Ein weiteres Beispiel ist der Bedarf von Informationen über protektionistische Marktbarrieren, die nur für betreffende Branchen Relevanz besitzen[111]. Die Erstellung und die Komplexität eines "Country Notebook" sowie die Struktur der einzelnen Gruppen erfolgt somit unternehmensspezifisch.

Im Folgenden wird ein „Country Notebook" mit Informationen über die VR China erstellt, um daraus die Marktattraktivität und die Marktbarrieren ableiten zu können. Wegen den individuellen Informationsbedürfnissen kann die Informationstiefe nur beispielhaft angeführt werden. In diesem Buch erfolgt daher die Interpretation der Informationen unternehmensneutral, sehr allgemein und in begrenztem Umfang. Zur Erstellung eines „Country Notebook" sollten in der Praxis Computerprogramme verwendet werden. Auch KMU können mit Programmen wie „MS Access", „MS Excel" oder web-basiert ohne große Kosten Länderberichte erstellen, zu Datenbanken zusammenfassen und diese ständig aktualisieren. Außerdem lassen sich elektronisch hergestellte Länderinformationssysteme problemlos im gesamten Unternehmen publizieren.

---

[111] Berndt, R./ Altobelli, C. F./ Sander, M., 2003, Seite 98

6.2 Informationsbeschaffung

Die für das „Country Notebook" und die spätere Marketingplanung benötigten Informationen können auf zwei Wegen durch die Marktforschung beschafft werden[112]. Durch die **Primärforschung**[113] werden Informationen aus originären Daten gewonnen[114]. Primärforschung liegt also dann vor, wenn Daten erstmalig durch Beobachtung oder Befragung erhoben werden. Derartige Untersuchungen sind speziell auf den Informationsbedarf der Auftraggeber zugeschnitten und liefern deswegen treffende Ergebnisse. Allerdings sind Primäruntersuchungen mit hohem Aufwand und Kosten verbunden und dadurch für KMU nur bedingt geeignet.

Gegenstand der **Sekundärforschung**[115] ist die Gewinnung von Informationen aus bereits bestehendem Datenmaterial[116]. Im Unterschied zur Primärforschung wird auf Daten zurückgegriffen, die vom Unternehmen selbst oder von Dritten bereits erhoben wurden. Bei der Erhebung der Daten muss auf die Ressourcenknappheit der KMU Rücksicht genommen werden. KMU sollten sich schwerpunktmäßig auf die Auswertung sekundär-statistischen Materials konzentrieren, da diese in der Regel preiswerter und schneller zu beschaffen sind als Daten durch Primärerhebungen[117]. Außerdem sind einige für das „Country Notebook" elementare Daten, wie z.B. volkswirtschaftliche Gesamtdaten, nur durch Sekundärforschung ermittelbar[118].

Das Material, welches durch KMU für die Sekundärforschung herangezogen werden kann, ist nahezu unbegrenzt. Auch ohne Einschaltung von Marktforschungsinstituten können kostengünstig Daten über das Internet, aus wirtschafts-ethnologischer Literatur und Fachzeitschriften, von Verbänden, Kammern und Instituten, staatlichen Stellen oder aus Forschungsarbeiten von Hochschulen gewonnen werden. Insbesondere Verbände, Institute und staatlichen Stellen bieten neben Informationsmaterial auch häufig Finanzie-rungsmöglichkeiten und weitere Dienstleistungen wie z.B. Hilfe bei der Partnersuche an. Besonders die Bundesagentur für Außenwirtschaft stellt durch Auswertung des Berichtsmaterials der amtlichen deutschen Auslandsvertretungen Informationen zur Ver-

---

[112] Auf den Marktforschungsprozess und die einzelnen Instrumente und Methoden wird in diesem Buch nicht eingegangen, da diese in der internationalen Marktforschung weitgehend mit denen der nationa-len Marktforschung identisch sind

[113] Die Primärforschung ist auch unter dem Namen „field research" bekannt

[114] Vgl. Berekoven, L./ Eckert, W./ Ellenrieder, P., 2004, Seite 49

[115] Die Sekundärforschung ist auch unter dem Namen „desk research" bekannt

[116] Vgl. Berekoven, L./ Eckert, W./ Ellenrieder, P., 2004, Seite 42

[117] Vgl. Kotler, P./ Hoon Ang, S./ Meng Leong, S./ Tiong Tan, C., 1999, Seite 126

[118] Vgl. Berekoven, L./ Eckert, W./ Ellenrieder, P., 2004, Seite 42

fügung[119]. Die Bundesagentur für Außenwirtschaft koordiniert zudem das Internet-Außenwirtschaftsportal „iXPOS"[120]. Dort präsentieren sich die wichtigsten Akteure der deutschen Außenwirtschaftsförderung gemeinsam und vermitteln ihr Informationsangebot.

Bei der Gewinnung von internationalen sekundärstatistischen Daten sind verschiedene Aspekte zur Vermeidung einer Fehlinformation und somit der Fehleinschätzung des Landes zu beachten. Dazu gehören die Verfügbarkeit, Aktualität, Qualität, Verlässlichkeit und Vergleichbarkeit der Sekundärdaten.

Sekundäre Daten sind im internationalen Bereich nicht für alle Länder in gleichem Ausmaß verfügbar. Besonders in Entwicklungsländern existieren oftmals keine Regierungsstellen, die Daten erheben[121]. Dadurch kann es vorkommen, dass nur wenige oder veraltete Daten vorhanden sind. Besonders betroffen sind Informationen über Absatzmittler, Produzenten und Dienstleistungsunternehmen, die Bevölkerung und das Einkommen[122]. Sind Sekundärdaten verfügbar, muss deren Verlässlichkeit hinterfragt werden. Zur Absicherung gegen fehlerhafte Daten empfiehlt es sich für KMU, mehrere Quellen miteinander zu vergleichen. Die Qualität der Sekundärquellen kann unter Umständen nicht ausreichend sein, wenn die ursprüngliche Datenerhebung für eine vollkommen andere Problemstellung erfolgt ist oder manipuliert wurde[123]. Insbesondere wenn nationale oder persönliche Ziele verfolgt werden, neigen Regierungen oder einzelne Verantwortliche dazu, eine gewissenhafte Datenerhebung zu vermeiden oder die Statistik von der Realität abweichen zu lassen.

Bei der Erstellung eines „Country Notebook" über die VR China sehen sich KMU genau mit diesem Problembereich konfrontiert. Weder gibt es in China so detaillierte Daten wie in Industrieländern üblich, noch sind alle verfügbaren Daten aktuell oder zuverlässig[124]. Eine interne Untersuchung des „China National Bureau of Statistics" deckte 2002 über 60000 Fälle auf, in denen insbesondere Daten über das Wirtschaftswachstum oder den Energieverbrauch manipuliert wurden[125]. Auch Institutionen aus anderen Ländern, wie das Statistische Bundesamt in Deutschland, sehen die offiziellen chinesischen Statis-

---

[119] Das Informationsangebot der Bundesagentur für Außenwirtschaft ist auch im Internet unter www.bfai.de erhältlich.

[120] Zu finden unter: http://www.ixpos.de

[121] Vgl. Cateora, P./ Graham, J., 2005, Seite 216

[122] Vgl. Cateora, P./ Graham, J., 2005, Seite 216

[123] Vgl. Meffert, H./ Bolz, J., 1998, Seite 87

[124] Vgl. Reisach, U./ Tauber, T./ Yuan, X., 2003, Seite 128

[125] Vgl. Daniels, J.D./ Radebaugh, L.H./ Sullivan, D.P., 2004, Seite 393

tiken generell als überhöht an[126]. Ein Grund dafür ist, dass es an der nötigen Präzision und Vollständigkeit der Erfassung und des Meldewesens mangelt[127]. Dadurch können Beamte auf Lokalebene Wirtschaftsdaten verändern oder die Datenerhebung verhindern, um dank einer Meldung über eine Übererfüllung von Planzielen schneller befördert zu werden[128]. Darüber hinaus stellt die Sprache ein Hindernis bei der Analyse von Originalquellen der chinesischen Regierung dar. Die amtlichen Übersetzungen werden teilweise mit erheblichen zeitlichen Verzögerungen vorgenommen, so dass die Daten eventuell schon wieder veraltet und für deutsche KMU unbrauchbar sind[129]. Außerdem beschränken sie sich meist auf wenige Schlüsselzahlen, die einen Prestigewert besitzen.

Aus diesen Gründen sollten KMU besonders bei ökonomischen Daten nicht ausschließlich chinesische Regierungsquellen verwenden und diese stets mit deutschen oder anderen internationalen Quellen vergleichen. Erschwerend für die Vergleichbarkeit von Sekundärdaten aus unterschiedlichen internationalen Quellen sind allerdings unterschiedliche Begriffsdefinitionen, unterschiedliche Erhebungsmethoden, Grundgesamtheiten und Erhebungszeiträume[130]. Zum Beispiel können sich Daten über das Familieneinkommen auf die Kernfamilie beziehen, die sich aus Eltern und Kinder zusammensetzt, oder auf einen erweiterten Familienkreis um Großeltern[131]. Dadurch entstehen für KMU die Notwendigkeit und der Aufwand, Definitionen transparent zu machen und abzugleichen.

Um die Gefahr der Fehlinformation generell einzudämmen, sollten bei der Betrachtung von Sekundärinformationen die folgenden Punkte beachtet werden:

- Wer hat die Daten erhoben?
- Sind Gründe zur Manipulation der Daten durch die Urheber ersichtlich?
- Für welchen Zweck wurden die Daten erhoben?
- Wie wurden die Daten erhoben?
- Sind die Daten in sich schlüssig und stehen nicht im Widerspruch zu anderen Daten derselben Quelle[132]?

---

[126] Vgl. Holtbrügge, D./ Puck, J.F./ 2005, Seite 9

[127] Vgl. Reisach, U./ Tauber, T./ Yuan, X., 2003, Seite 128

[128] Vgl. Holtbrügge, D./ Puck, J.F./ 2005, Seite 9

[129] Vgl. Reisach, U./ Tauber, T./ Yuan, X., 2003, Seite 128

[130] Vgl. Meffert, H./ Bolz, J., 1998, Seite 88

[131] Vgl. Daniels, J.D./ Radebaugh, L.H./ Sullivan, D.P., 2004, Seite 393

[132] Vgl. Cateora, P./ Graham, J., 2005, Seite 218

6.3 Wirtschaftshistorie

Die Wirtschaftshistorie dient als Grundlage zum Verständnis aller anderen Umweltbedingungen. Kenntnisse über die Geschichte eines Landes sind z.b. notwendig, um dessen wirtschaftliche Entwicklung, die Kultur, das politische Umfeld und die vorherrschenden Geschäftspraktiken zu verstehen[133]. Chinas sehr hohes Wirtschaftswachstum kann man erklären, wenn man Kenntnisse über die wirtschaftliche Situation in der Vergangenheit besitzt und diese mit der Gegenwart vergleichen kann. Dadurch wird deutlich, dass das hohe Wirtschaftswachstum vor allem durch den Wandel des Wirtschaftssystems von einer zentralistischen Planwirtschaft hin zu einer sozialistischen Marktwirtschaft mit Öffnung der Märkte für ausländische Investoren möglich wurde. Geschichtliche Ereignisse begründen außerdem eventuelle außenpolitische Abneigungen zu bestimmten Ländern, was einer Marktbarriere gleichkommen kann. Wenn man z.b. Kenntnis darüber hat, dass im letzten Jahrhundert fast alle westlichen Mächte und insbesondere Japan die VR China durch Zwangsverträge, Kolonialisierungen und Kriege gedemütigt und bedroht haben, lassen sich außenpolitische Abneigungen von heute und Marktbarrieren in Form von Nationalismus gegenüber Unternehmen aus bestimmten Nationen erklären[134].

Die Problematik bei der Betrachtung und Interpretation von historischen Ereignissen besteht darin, dass Dokumentationen vergangener Ereignisse subjektive Einschätzungen von Dritten darstellen. Diese Personen werden von ihren eigenen Motiven und ihrem kulturellen Background geleitet. Es kann dadurch vorkommen, dass derselbe Sachverhalt von verschieden Gruppen unterschiedlich aufgezeichnet und bewertet wurde. Um einer Fehleinschätzung der Wirtschaftshistorie zu entgehen, muss stets beachtet werden, von wem und aus welchem Blickwinkel die vergangenen Ereignisse betrachtet wurden. Außerdem sollten mehrere Quellen herangezogen werden, also neben Quellen aus dem betrachteten Land mindestens auch eine Quelle aus dem Heimatland.

Die chinesische Kultur ist rund 5000 alt und gilt als einzige Hochkultur, die nicht unterging. Als im 13.Jahrhundert noch finsteres Mittelalter in Europa vorherrschte, merkte außer einem Venezianer namens Marco Polo niemand, dass China dem damaligen Europa in nahezu allen technologischen Bereichen überlegen war[135]. Durch eine selbstgewollte Abschottung bis in das 20. Jahrhundert hinein und die verlorenen Jahre unter Mao Zedong blieb das Land allerdings für ausländische Kaufleute weitgehend verschlossen und nahezu keine ausländische Firma war in China vertreten[136].

---

[133] Vgl. Cateora, P./ Graham, J, 2005, Seite 58

[134] Vgl. Hirn, W., 2005, Seite 15

[135] Vgl. Hirn, W., 2005, Seite 17

[136] Vgl. Geulen, T., 2001, Seite 40

Dieses Buch widmet sich deswegen den näheren historischen Ereignissen und behandelt die Öffnung des chinesischen Marktes für ausländische Investoren. Ein Überblick über die wichtigsten Ereignisse vor 1978 befindet sich in Anhang 1.

6.3.1 Markt- und Wirtschaftsentwicklung der VR China seit 1979

Nach rund 30 Jahren zentral gesteuerter Planwirtschaft verfolgt China eine zunehmend wirtschaftliche Liberalisierung, die ihren vorläufigen Höhepunkt in dem Beitritt des Landes zur Welthandelsorganisation im Jahr 2001 gefunden hat. Die Öffnung des chinesischen Marktes und damit der Anstoß für wirtschaftliches Wachstum und eine höhere Produktivität wurde 1979 durch Reformen von Deng Xiaoping[137] in die Wege geleitet[138]. Seitdem befindet sich die chinesische Wirtschaft in einem Prozess der Umwandlung von einer Planwirtschaft zu einer sozialistischen Marktwirtschaft und hat seit Jahren hohe Wachstumszahlen vorzuweisen.

Deng Xiaoping reformierte zunächst die Landwirtschaft. Die Landwirte durften seitdem über einen Teil ihres Pachtlandes frei verfügen und den Ertrag daraus auf freien Märkten verkaufen. Diese Reform erhöhte das Einkommen der Bauern und gleichzeitig auch die Versorgungssicherheit der Bevölkerung[139]. Nach dieser Agrarreform wurde der industrielle Sektor reformiert. Es erfolgte eine Verlagerung wirtschaftlicher Entscheidungsbefugnisse auf Betriebe. Diese mussten außerdem nicht mehr alle Gewinne an den Staat abführen, sondern konnten Rücklagen bilden[140].

Heute erfolgt keine staatliche Detailplanung von Produktsorten und -mengen mehr[141]. Obwohl mittlerweile Märkte weitgehend die wirtschaftlichen Austauschbeziehungen bestimmen, gibt es in China dennoch wesentlich mehr staatliche Vorgaben als in Marktwirtschaften westlicher Prägung. So entscheidet z.B. der Staat bei Schlüsselindustrien darüber, welche der meist noch staatlichen Unternehmen geteilt oder fusioniert werden, welche Kundengruppen und Umsätze angepeilt werden, welche Unternehmen als erstes Außenhandelslizenzen bekommen und für welche Produkte diese gelten[142]. Schließlich hat die Regierung auch das letzte Wort bei der Entscheidung für oder gegen die Zusammenarbeit von Unternehmen mit bestimmten Auslandspartnern.

---

[137] Amtszeit: 1978 - 1983

[138] Vgl. Kuhn, D., Ning, A., Shi, H., 2001, Seite 57

[139] Vgl. Hirn, W., 2005, Seite 27

[140] Vgl. Hirn, W., 2005, Seite 27

[141] Vgl. Reisach, U./ Tauber, T./ Yuan, X., 2003, Seite 37

[142] Vgl. Reisach, U./ Tauber, T./ Yuan, X., 2003, Seite 37

Tabelle 11: Chinas Entwicklungsstufen zur sozialistischen Marktwirtschaft[143]

Zeit	Ereignis	Konsequenz
Vor 1978	Selbstversorgung der Dorfgemeinschaften	Ineffizienz, Lebensmittelknappheit
Ab 1978	Dekollektivierung der Landwirtschaft	Steigende Produktivität
1980	Zulassung von Privatunternehmen mit weniger als 8 Mitarbeitern	Beschränkung der Unternehmensgröße
1988	Aufnahme der Privatunternehmen in die Verfassung	Bestandschutz für bestehende Unternehmen
1993	Rechtliche und wirtschaftliche Gleichstellung der verschiedenen Eigentumsformen	Abbau von Wettbewerbsnachteilen für Privatunternehmen
1999	Privatwirtschaft wird in der Verfassung von einer „Ergänzung" zu einem „wichtigen Bestandteil" der sozialistischen Marktwirtschaft	Anerkennung der gestiegenen wirtschaftlichen und gesellschaftlichen Bedeutung
2002	Die KP China vertritt drei Gruppen: Die fortschrittliche Kultur, die Interessen der breiten Massen und der Privatwirtschaft	Gesellschaftliche und politische Gleichstellung von Staats- und Privatwirtschaft

Die wirtschaftliche Entwicklung Chinas erfolgte in den verschiedenen Teilen des Landes in unterschiedlichem Tempo. Dies ist auf die selektive Auslandsöffnung der Provinzen und Städte zurückzuführen. Die Küstenregionen wurden als Erste geöffnet und profitierten deswegen auch als Erste vom wirtschaftlichen Aufschwung[144].

Die Resultate der wirtschaftlichen Reformen sind u. a. eine Effizienzsteigerung der heimischen Wirtschaft, starkes Wirtschaftswachstum und die Transformation der VR China zur Industrienation. Seit Beginn der Reformen erreicht China ein durchschnittliches Wachstum von 6% pro Jahr, in Spitzenjahren war dies sogar über 10%[145]. Diese enorme Wachstumsrate wird zwar momentan nicht mehr erreicht, dennoch ist diese gewaltige Steigerung ein Beleg für den Erfolg der Reform- und Öffnungspolitik. Zur Sicherung steigender Wachstumsraten und zur Ankurbelung der lahmenden Inlandskonjunktur hat China in den vergangenen Jahren die Staatsausgaben massiv erhöht. Besonders die Olympiade 2008 in Beijing sorgt für öffentliche Ausgaben in Milliardenhöhe[146].

---

[143] Eigene Darstellung in Anlehnung an: Reisach, U./ Tauber, T./ Yuan, X., 2003, Seite 38

[144] Vgl. Kuhn, D./ Ning, A./ Shi, H., 2001, Seite 111

[145] Vgl. Reisach, U./ Tauber, T./ Yuan, X., 2003, Seite 43

[146] Vgl. Reisach, U./ Tauber, T./ Yuan, X., 2003, Seite 45

Auch die Wirtschaftsstruktur wandelte sich seit Beginn der Reformen. Während die Landwirtschaft in der Vergangenheit der dominierende Arbeitgeber war, findet heute eine Abwanderung zu Industriebetrieben statt.

Abbildung 12: Wirtschaftsstruktur der VR China[147]

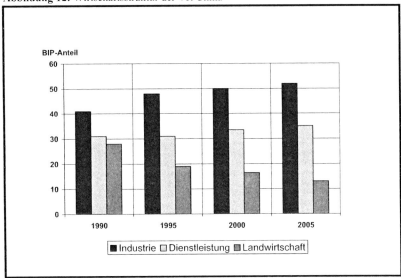

6.3.2 Außenwirtschaftliche Entwicklung

Die Reform des Außenwirtschaftssystems begann 1984. Bis dahin wurde der gesamte Außenhandel über zwölf staatliche Außenhandelsgesellschaften abgewickelt[148]. Nach 1984 erhielten zunächst die Provinzen, später auch einzelne Unternehmen das Recht, über den Export und Import bestimmter Waren selbst zu entscheiden. Nach fast 15-jährigen Verhandlungen wurde China im Dezember 2001 als Mitglied in die Welthandelsorganisation aufgenommen. Die VR China unterzeichnete dazu ein umfassendes Vertragswerk, indem die Anpassung chinesischer Gesetze, Zollvorschriften und Ausfuhrbestimmungen an WTO-Richtlinien vereinbart wurde. Diese Reformen haben zur Folge, dass die vormals äußerst strengen Auflagen und die Blockade ausländischer Investoren schrittweise gelockert werden. Durch den WTO-Beitritt wurden somit die wirtschaftlichen Reformen auch auf die Außenwirtschaft übertragen. Das bisher

---

[147] Eigene Darstellung in Anlehnung an: Reisach, U./ Tauber, T./ Yuan, X., 2003, Seite 100

[148] Vgl. Holtbrügge, D./ Puck, J., 2005, Seite 11

stark planwirtschaftlich strukturierte Außenhandelssystem wurde liberalisiert[149]. Da die VR China diese Liberalisierung nur schrittweise vornimmt, hält der Öffnungsprozess immer noch an.

Für Auslandsinvestoren haben sich die Geschäftsbedingungen durch den WTO-Beitritt generell verbessert. Sowohl für Joint Ventures als auch für 100-prozentige-Tochterunternehmen entfällt z.b. neben der Forderung nach einer ausgeglichenen Devisenbilanz auch die Auflage, Rohstoffe und Betriebsmittel vorwiegend in der VR China zu beziehen. Unternehmen dürfen sich durch den WTO-Beitritt Chinas aber trotzdem keinen Illusionen hingeben, denn eine umfassende Umsetzung der WTO-Richtlinien in nationales chinesisches Recht wird noch mehrere Jahre dauern[150].

6.4 Der Wirtschaftsraum der VR China

Der Wirtschaftsraum determiniert strukturelle Markteintrittsbarrieren, die sich vor allem aus der geographischen Lage und der natürlichen Umwelt des betrachteten Landes ergeben. Wie auch die Wirtschaftshistorie lassen sich die geographische Lage und die natürliche Umwelt eines Landes nicht vom Unternehmen verändern. Dadurch wird eine Anpassung des Unternehmens notwenig und je nach Ausprägung der natürlichen Umwelt der Einsatz von Ressourcen.

6.4.1 Geographie

Die Lage eines Landes gibt Hinweise auf Transportmöglichkeiten und Transportprobleme, die sich aus Entfernungen ergeben. Anhand der geographischen Lage von China erkennt man beispielsweise, das die Entfernung zu Deutschland zu weit ist, um Waren mit dem LKW zu transportieren. Da aber die boomenden Provinzen direkt am Meer liegen, kommt für den Handel mit China neben dem Luftweg auch der Seeweg in Betracht. Die Größe der Fläche des Landes gibt Aufschluss über eventuelle Distributionsschwierigkeiten. Schließlich lässt sich aus der Lage eines Landes erkennen, ob es von anderen Wachstumsmärkten umgeben ist und sich so als strategisches Sprungbrett für die Bearbeitung weiterer Länder eignet.

---

[149] Vgl. Reisach, U./ Tauber, T./ Yuan, X., 2003, Seite 122

[150] Vgl. Reisach, U./ Tauber, T./ Yuan, X., 2003, Seite 125

Geographisch liegt die Volksrepublik China im Osten Asiens und an der Westküste des Pazifiks. Das chinesische Territorium grenzt im Osten an die Demokratische Volksrepublik Korea, im Norden an die Mongolische Republik, im Nordosten an Russland, im Westen und Südwesten an Afghanistan, Pakistan, Indien, Nepal und Bhutan, im Süden an Myanmar, Laos und Vietnam. Über das Meer hinweg liegen China im Osten und Südosten die Republik Korea, Japan, die Phillipinen und Indonesien gegenüber. China liegt damit strategisch günstig nah an anderen asiatischen Wachstumsmärkten.

Mit einer Landfläche von rund 9,6 Mio. km² ist China nach Russland und Kanada das drittgrößte Land der Erde[151]. Die geographischen Dimensionen des Landes betragen von Norden nach Süden etwa 5500 km und von Westen nach Osten 5200 km[152]. Die Größe des Landes hat zur Folge, dass sich die physische Oberfläche und die klimatischen Bedingungen zwischen einzelnen Regionen teilweise stark voneinander unterscheiden. Nach Quadratkilometern ist China zwar das drittgrößte Land der Welt, doch ein Großteil der Fläche besteht aus Bergen oder Wüste und ist unbrauchbar zum Bauen oder Bewirtschaften[153]. Das Land ist eingeteilt in 22 Provinzen, fünf autonome Gebiete und vier direkt an die Regierung berichtende Städte[154]. Als Sonderverwaltungszonen gelten Hongkong und Macao[155].

Das Marktpotenzial und auch marktwirtschaftliche Strukturen sind in China regional unterschiedlich stark entwickelt. Je weiter man von der Küste in das Binnenland und von den Städten in ländliche Gebiete vorstößt, desto geringer wird die Kaufkraft der Bevölkerung.

---

[151] Vgl. Zuerl, K.-H., 2005, Seite 101

[152] Vgl. http://www.china.org.cn/german/136004.htm, abgefragt am 10.11.2005

[153] Vgl. Hirn, W., 2005, Seite 146

[154] Vgl. http://auswaertiges-amt.de/www/de/laenderinfos/laender/laender_ausgabe_html?type_id=2&land_id=32, abgefragt am 10.11.2005

[155] Vgl. Zuerl, K.-H., 2005, Seite 104

Tabelle 12: Chinas Stadtgebiete, Provinzen und autonomen Gebiete[156]

	Name	Regierungssitz	Fläche in km2	Einwohner (Mill)
Stadtgebiet	Beijing	Beijing	16.800	12,46
	Tianjin	Tianjin	11.300	9,57
	Shanghai	Shanghai	6.200	14,64
	Chongqing	Chongqing	82.000	30,6
Provinz	Hebei	Shijianz-huang	190.000	65,69
	Shanxi	Taiyuan	156.000	31,72
	Liaoning	Shenyang	144.000	41,57
	Jilin	Changchun	187.000	26,44
	Heilong-jiang	Harbin	469.000	37,73
	Jiangsu	Nanjing	102.600	71,82
	Zhejiang	Hangzhou	101.800	44,56
	Anhui	Hefei	139.000	61,84
	Fujian	Fuzhou	120.000	32,99
	Jiangxi	Nanchang	166.600	41,91
	Shandong	Jinan	153.000	88,38
	Henan	Zhengzhou	167.000	93,15
	Hubei	Wuhan	187.400	59,07
	Hunan	Changsha	210.000	65,02
	Guangdong	Guangzhou	186.000	71,43
	Hainan	Haikou	34.000	7,53
	Sichuan	Chengdu	488.000	84,93
	Guizhou	Guiyang	170.000	36,58
	Yunnan	Kunming	394.000	41,44
	Shaanxi	Xi'an	205.000	35,96
	Gansu	Lanzhou	450.000	25,19
	Qinghai	Xining	720.000	5,03
Autonomes Gebiet	Innere Mongolei	Hohhot	1.183.000	23,45
	Guangxi	Nanning	236.300	46,75
	Ningxia	Yinchuan	66.400	5,38
	Xinjiang	Ürümqi	1.600.000	17,47
	Tibet	Lhasa	1.201.000	2,52

---

[156] Eigene Darstellung in Anlehnung an: Kuhn, D./ Ning, A./ Shi, H., 2001, Seite 115-150

6.4.2 Klima

Als Klima kann der Zustand der Atmosphäre über einem bestimmten Gebiet und der charakteristische Ablauf der Witterung bezeichnet werden[157]. Elemente des Klimas sind z.b. Sonnenstrahlung, Lufttemperatur, Luftfeuchtigkeit und Niederschläge.

Informationen über das Klima erlauben Rückschlüsse auf die Arbeitsfähigkeit von Mensch und Maschinen, das Konsumentenverhalten, und sind für Entscheidungen über Produkt- und Verpackungsmaterialien notwendig[158]. Zum Beispiel können sich aufgrund eines unterschiedlichen Klimas zum Heimatmarkt Anpassungen der Produktverpackungen ergeben. Produkte, die in gemäßigten Klimazonen mit ihrer Verpackung hervorragend funktionieren, verderben in tropischen Zonen schneller und benötigen eine Qualitätsanpassung oder eine veränderte Verpackung[159]. Bei einer Produktion in Wüstengebieten muss z.b. bedacht werden, dass die technischen Elemente extremen Temperaturen ausgesetzt sind und eine höhere Hitzebeständigkeit als in Deutschland notwendig machen[160]. Extreme klimatische Verhältnisse können als Markteintrittsbarrieren angesehen werden, wenn das Produkt in diesem Umfeld gar nicht funktionstüchtig ist oder die Anpassung die vorhandene Ressourcenbasis übersteigt.

In China gibt es jede Klimazone der Welt. Diese divergieren von Region zu Region und können zu Verpackungsanpassungen selbst innerhalb des Landes führen. Hohe Temperaturunterschiede innerhalb von China sind besonders im Winter keine Seltenheit. Im Süden ist es mit einer höheren Luftfeuchtigkeit generell wärmer und regenreicher als im Norden. Entsprechend der Temperatur lässt sich China von Süden nach Norden in die äquatoriale, die tropische, die subtropische, die warmgemäßigte, die gemäßigte und die kaltgemäßigte Zone aufteilen[161].

---

[157] Vgl. Dülfer, E., 2001, Seite 280

[158] Vgl. Meffert, H./ Bolz, J., 1998, Seite 53

[159] Vgl. Cateora, P./ Graham, J, 2005, Seite 65

[160] Vgl. Dülfer, E., 2001, Seite 282

[161] Vgl. http://www.china.org.cn/german/135998.htm, abgefragt am 10.11.2005

Tabelle 13: Durchschnittstemperaturen in °C[162]

	Beijing	Chengdu	Guangzhou	Shanghai	Tianjin	Xi'an
Januar	-4,7	9,1	13,4	3,3	-4,2	-1,3
März	4,4	16,6	17,7	8,3	4,7	8,0
Mai	20,2	25,3	25,7	18,8	20,0	19,2
Juli	26,0	29,7	28,3	27,9	26,5	26,7
September	19,5	24,9	27,0	23,8	20,8	19,4
November	4,0	15,4	19,4	12,5	4,9	6,5

6.4.3 Topographische Bedingungen und Ressourcenausstattung

Die topographischen Bedingungen betreffen die Gestalt der Erdoberfläche und die Art der Vegetation. Beide sind interdependent mit dem Klima verbunden, dadurch dass z.b. die Lufttemperatur und die Niederschläge die Art der Vegetation beeinflussen. Topographische Kenntnisse machen Logistikprobleme sichtbar, z.b. stellen große Bergketten oder Wüsten physikalische Barrieren dar und können so die Distribution hemmen[163]. Die Verfügbarkeit von Rohstoffen und Energie muss vor allem von Unternehmen beachtet werden, die im Ausland produzieren wollen[164]. Sind notwendige Ressourcen in einem Land nicht vorhanden und müssen anderweitig beschafft werden, kann dies als Barriere angesehen werden. Zusammen mit absehbaren Naturkatastrophen in Teilen des Landes lassen sich diese Informationen auch zur Standortwahl nutzen.

Chinas Topographie weist eine Vier-Stufen-Formation auf, die von West nach Ost allmählich abfällt und durch das Qinghai-Tibet-Hochplateau geprägt ist. Der größte Teil des Landes ist durch Berge gekennzeichnet. Mit einer durchschnittlichen Höhe von über 4000 Metern über dem Meeresspiegel bildet das Qinghai-Tibet-Hochplateau die erste der vier Stufen. Die zweite Stufe bilden das Hochplateau der inneren Mongolei, das Lößplateau, das Yunnan-Guizou-Plateau, das Tarim-Becken, das Junggar-Becken und das Sichuan-Becken mit einer durchschnittlichen Höhe von 1000-2000 Metern. Die dritte Stufe ist bis zu 1000 Meter hoch und umfasst von Nord nach Süd die Nordostchinesische Ebene, die Nordchinesische Ebene und die Ebene am Mittel- und Unterlauf des Yangtse, die von niedrigem Berg- und Hügelland gesäumt sind. Die vierte Stufe ist der Festlandsockel[165].

---

[162] Eigene Darstellung in Anlehnung an: Zuerl, K.-H., 2005, Seite 102

[163] Vgl. Cateora, P./ Graham, J, 2005, Seite 66

[164] Vgl. Cateora, P./ Graham, J, 2005, Seite 70

[165] Vgl. http://www.china.org.cn/german/136002.htm, abgefragt am 10.11.2005

Die Waldflächen des Landes sind relativ klein und zusammen mit den Flüssen von starker Umweltverschmutzung betroffen[166]. Große Teile der Industrie produzieren mit veralteter Technik und verursachen große Umweltschäden. Der durch Umweltverschmutzung verursachte volkswirtschaftliche Schaden beläuft sich auf einen zweistelligen Milliardenbetrag in €[167]. Dadurch entsteht ein großer Bedarf an Umweltschutztechnologien, umweltfreundlichen Baumaterialien und energiesparenden Heiztechnologien[168]. Um in diesem Bereich Verbesserungen zu erzielen, ist Technologie aus dem Ausland unbedingt erforderlich. Gerade deutsche Produkte und die strengen Umweltstandards genießen in China einen sehr guten Ruf und ermöglichen es als Lieferant für Umwelttechnologie tätig zu werden[169].

Einzelne Regionen werden regelmäßig von Naturkatastrophen heimgesucht. Der Osten Chinas, die südlichen Provinzen und auch der Himalaja sind von Erdbeben betroffen. An den großen Flüssen Jangtse und Huang He kommt es häufig zu Überschwemmungen. Die Küsten im Süden und Osten des Landes sind häufig Taifunen ausgesetzt[170].

China hat reiche Vorkommen von sämtlichen bisher bekannten Bodenschätzen der Erde. Die Gesamtvorräte liegen sogar an dritter Stelle der Weltstatistik[171]. Besonders das Kohlevorkommen ist sehr groß und umfasst etwa ein Drittel der Weltreserve[172]. Allerdings befinden sich fast alle Rohstoffvorkommen im Westen bzw. Nordwesten des Landes und müssen zum Teil weite Strecken bis zum Bestimmungsort transportiert werden[173].

6.4.4 Bevölkerung

Informationen über die Größe und Zusammensetzung der Bevölkerung sind für die Bestimmung des Marktpotenzials und für die Marktsegmentierung elementar. Der Bedarf nach Gütern sowie das Konsumentenverhalten sind u.a. abhängig von der Bevölkerungsgröße, der zukünftigen Bevölkerungsentwicklung, der Verteilung der Bevölkerung auf verschiedene Regionen, vom Alter der Personen und der ethnischen

---

[166] Vgl. http://de.wikipedia.org/wiki/china, abgefragt am 10.11.2005

[167] Vgl. Granier, B., 2004, Seite 41

[168] Vgl. Granier, B., 2004, Seite 43

[169] Vgl. Granier, B., 2004, Seite 43

[170] Vgl. http://de.wikipedia.org/wiki/china, abgefragt am 10.11.2005

[171] Vgl. Zuerl, K.-H., 2005, Seite 103

[172] Vgl. Zuerl, K.-H., 2005, Seite 103

[173] Vgl. Reisach, U./ Tauber, T./ Yuan, X., 2003, Seite 88

Zusammensetzung[174]. Daten über die Bevölkerung können nicht getrennt von anderen Kriterien betrachtet werden, denn die Entwicklung der Bevölkerung wird von anderen Umweltbedingungen beeinträchtigt. Zum Beispiel beeinflusst die Topographie, wie Wüstenflächen, die Bevölkerungsverteilung auf einzelne Regionen des Landes.

China ist mit 1,3 Mrd. Menschen das am meisten bevölkerte Land der Erde und beherbergt 22% der Weltbevölkerung[175]. Die Bevölkerungsentwicklung ist trotz staatlicher Regulierungsbemühungen durch Wachstum bestimmt, allerdings nimmt die Zuwachsrate stetig ab[176]. Gleichzeitig tritt zu dieser Entwicklung eine stark gestiegene durchschnittliche Lebenserwartung hinzu. Während vor 50 Jahren das Durchschnittsalter bei ca. 40 Jahren lag, haben Chinesen im zweiten Jahrtausend eine durchschnittliche Lebenserwartung von ca. 70 Jahren[177]. Die Bevölkerungspyramide nähert sich daher immer mehr der Form westlicher Industrieländer an. Laut Prognosen wird China in der Zukunft eine der ältesten Bevölkerungen Asiens haben[178]. Dies wird zu einem erhöhten Bedarf altersgerechter Produkte wie z. B. Dienstleistungen im medizinischen Bereich führen.

Die Bevölkerung ist nicht gleichmäßig über alle Regionen verteilt. Der größte Teil der Bevölkerung lebt in den Küstenregionen, während Westchina eine sehr niedrige Bevölkerungszahl auf großem Territorium aufweist[179]. Der Anteil der städtischen Bevölkerung beläuft sich auf ca. 40%[180]. Betrachtet man die ethnische Zusammensetzung der Bevölkerung, kann man nicht mehr von einem einheitlichen Markt sprechen. Die Bevölkerungsmehrheit bilden mit ca. 93% die Han-Chinesen. Neben diesen leben in China auch 55 ethnische Minderheiten mit ihrem eigenen kulturellen Hintergrund und Konsumentenverhalten, die in manchen Regionen, besonders in bevölkerungsschwachen Regionen wie Tibet, einen erheblichen Anteil der Bevölkerung stellen.

---

[174] Vgl. Kotler, P., 2003, Seite 163

[175] Die Bevölkerungsanzahl schwankte in der letzten Volkszählung zwischen 1,3 und 1,4 Mrd. Menschen. Dies ist ein Unsicherheitsfaktor größer als die gesamte Bevölkerung der BRD. Vgl. http://auswärtiges-amt.de/www/de/laenderinfos/laender/laender_ausgabe_html?type_id=2&land_id=32, abgefragt am 10.11.2005

[176] Vgl. Holtbrügge, D./ Puck, J., 2005, Seite 6

[177] Vgl. Holtbrügge, D./ Puck, J., 2005, Seite 6

[178] Vgl. Kotler, P./ Hoon Ang, S./ Meng Leong, S./ Tiong Tan, C., 1999, Seite 163

[179] Vgl. http://de.wikipedia.org/wiki/china, abgefragt am 10.11.2005

[180] Vgl. http://destatis.de/download/d/veroe/laenderprofile/lp_china.pdf, abgefragt am 10.11.2005

6.5 Kulturelle Besonderheiten

Kultur fasst alle kollektiv geteilten Verhaltensnormen, -muster, -äußerungen und -resultate zusammen, die von Mitgliedern einer sozialen Gruppe erlernt und über Generationen weitergegeben werden[181]. Kultur lässt sich dadurch als eine spezielle Lebensweise einer Gruppe von Menschen definieren. Sie manifestiert sich u.a. in Werten, Ritualen, Symbolen, gedanklichen Prozessen und sozialen Institutionen wie Familie, Religion, Staat und Unternehmen[182]. Die verschiedenen Kulturausprägungen werden durch die Geschichte und die natürlichen Bedingungen eines Landes geformt[183]. Um eine Kultur zu verstehen und um die kulturellen Besonderheiten richtig interpretieren zu können, muss deshalb zuerst ein Grundverständnis über den Ursprung der Kultur im Kontext der Geschichte eines Landes und der natürlichen Bedingungen vorhanden sein. Aus diesem Grund erfolgt die Analyse der Kultur auch erst nach der Analyse der Historie und des Wirtschaftsraums. Im Zeitablauf ist die Kultur zwar veränderbar, allerdings geschieht dies in der Regel nur langsam.

Abbildung 13: Aufbau eines kulturellen Umfeldes bei internationalen Geschäften[184]

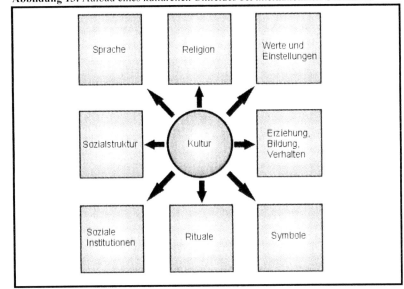

---

[181] Vgl. Meffert, H./ Bolz, J., 1998, Seite 42

[182] Vgl. Cateora, P./ Graham, J, 2005, Seite 98

[183] Vgl. Keegan, W.J./ Schlegelmilch, B.B./ Stöttinger, B., 2002, Seite 95

[184] Eigene Darstellung in Anlehnung an: Cateora, P./Graham, J, 2005, Seite 98; Hill, C.W.L.,2005,Seite 93

Aus dieser Abbildung wird ersichtlich, dass die Kultur ihrerseits die von Menschen gemachte Umwelt beeinflusst. Die Sprache ist eine der wichtigsten Bestandteile der Kultur eines Landes, da sie nicht nur die Grundlage für die Kommunikation bildet, sondern auch eine kulturelle Zugehörigkeit stiftet[185]. Die Sprache kann in Ländern die politisch-rechtlichen Bedingungen beeinflussen, wenn es dort z.B. mehrere gesprochene Sprachen gibt. Diese kulturelle Besonderheit kann Einfluss auf das rechtliche Umfeld nehmen, indem durch rechtliche Vorschriften erzwungen wird alle Sprachen auf der Verpackung oder in der Werbung zu berücksichtigen[186]. Für Unternehmen führt diese rechtliche Vorschrift eventuell zu einer geringeren werblichen Aussagemöglichkeit oder zu höheren Werbeausgaben. Der eigentliche Grund für die rechtliche Bedingung liegt aber in der Kulturbesonderheit. Somit kann die Kultur als Bindeglied zwischen den strukturellen und den strategischen Bedingungen angesehen werden, die durch die strukturellen Bedingungen beeinflusst wird und selbst auf die strategischen Bedingungen einwirkt.

Die Kulturbesonderheiten wirken aber auch direkt als Marktbarrieren, denn sie bestimmen u.a. das Konsumentenverhalten und somit die Absatzchancen der Produkte[187]. Zum Beispiel hat die Religion einen wesentlichen Einfluss auf Wertvorstellungen, Gebräuche und Gewohnheiten, die sich auch im Kaufverhalten niederschlagen. Für manche Branchen kann die Religion dadurch eine Marktbarriere für eine umfassende Unternehmenstätigkeit darstellen, z.B. wenn Unternehmen mit Alkoholika im Sortiment wegen religiösen Verboten durch ein Werbeverbot in ihrer Unternehmenstätigkeit eingeschränkt werden[188]. Ein weiteres Beispiel ist die Einstellung gegenüber Neu- und Fremdartigem. Besonders wenn Marktpartner aus Kulturkreisen kommen, die aufgrund ihrer Geschichte mit gegenseitigen Aversionen belastet sind, können Ablehnungstendenzen die Geschäftsbeziehungen beeinträchtigen und als Marktbarrieren wirken.

Da kulturelle Faktoren die Art und Weise mitbestimmen, wie auf Unternehmenstätigkeiten reagiert wird, ist eine Analyse kultureller Besonderheiten von zentraler Bedeutung. Kulturelle Besonderheiten wie Religion und Sprache sind für Außenstehende offensichtlich und können leicht erfasst werden. Die Bestimmung und Analyse anderer Kulturmerkmale, wie z.B. Symbole und Rituale, ist allerdings problematisch, denn diese sind für einen Außenstehenden meist schwer erfassbar und nicht quantifizierbar[189].

---

[185] Vgl. Hünerberg, R., 1994, Seite 61

[186] Vgl. Meffert, H./ Bolz, J., 1998, Seite 42

[187] Vgl. Keegan, W.J./ Schlegelmilch, B.B./ Stöttinger, B., 2002, Seite 119; Hünerberg, R., 1994, Seite 65; Meffert, H./ Bolz, J., 1998, Seite 42; Albaum, G./ Strandskov, J./ Duerr, E., 2001, Seite 91

[188] Vgl. Berndt, R./ Altobelli, C. F./ Sander, M., 2003, Seite 28

[189] Vgl. Pfau, W., 2001, Seite 22

Einen ersten Anhaltspunkt zur Bestimmung der Kultur können Indexwerte aufzeigen. Empirische Studien zur Frage der Erfassung der Landeskultur, wie sie z.b. von Geert Hofstede[190] durchgeführt worden sind, haben Indexwerte zu bestimmten Kulturmerkmalen erbracht[191]. Diese Indexwerte können von KMU verwendet werden, um sie mit den Indexwerten des eigenen Kulturkreises zu vergleichen. Dabei gilt, dass der Anpassungsgrad der Unternehmenstätigkeiten von der Differenz der Indexwerte abhängig ist.

Das 4-Dimensionen-Modell von Geert Hofstede beschreibt vier Indexwerte:

- Power Distance Index (PDI),
- Uncertainty Avoidance (UAI),
- Individualism (IDV),
- Masculinity (MAS)[192].

Die Ausprägungen der einzelnen Indexwerte zeigt die folgende Abbildung:

Abbildung 14: Ausprägungen des 4-Dimensionen Modells[193]

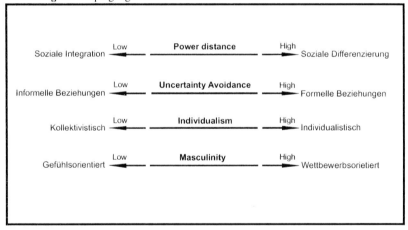

---

[190] Niederländischer Professor der Sozialwissenschaften. Seine Studie wertete die Daten von über 100000 Personen aus 50 Ländern aus. Detaillierte Informationen zur Studie und über die Berechnung der Indexwerte finden sich in: Hofstede, Geert, Lokales Denken, globales Handeln, 2.Auflage, München 2001, Deutscher Taschenbuch Verlag

[191] Vgl. Dülfer, E., 2001, Seite 263

[192] Vgl. Holt, D.H./ Wigginton, K.W., 2002, Seite 294

[193] Eigene Darstellung in Anlehnung an: Holt, D.H./ Wigginton, K.W., 2002, Seite 294 - 296

Der **PDI** misst das Hierarchiebewusstsein in einer Kultur. Kulturen mit einem hohen PDI besitzen eine stark ausgeprägte hierarchische Struktur. Dies betrifft zum Beispiel Familien oder Unternehmen. Der **UAI** drückt aus, wie eine Kultur auf Unsicherheiten reagiert. Ein hoher Wert drückt ein starkes Bedürfnis nach Unsicherheitsvermeidung durch Strukturen und festgelegten Prozeduren aus, sowie Intoleranz gegenüber neuartigen und unsicheren Situationen. Durch den **IDV** wird die Rolle des Individuums gegenüber der Gruppe definiert. Kulturen mit einem hohen Wert besitzen eine „Ich-Mentalität", während sich bei Kulturen mit einem niedrigen Wert der Einzelne der Gruppe unterordnet. **MAS** beschreibt schließlich das Sozialverhalten. Bei Kulturen mit einem niedrigen Wert steht das Kümmern um Mitmenschen und Traditionen im Vordergrund, während Kulturen mit einem hohen Wert hauptsächlich materiellen Erfolg anstreben.

Abbildung 15: Indexwerte für Deutschland und China[194]

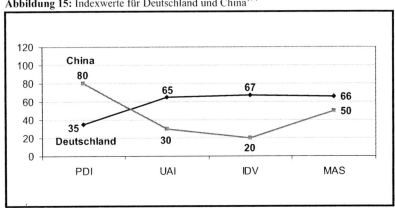

Die Erhebung von Hofstede weist einige Schwächen auf, die den Aussagewert und die Allgemeingültigkeit einschränken. Die Probanden waren ausschließlich IBM-Manager, die nicht als repräsentativ für die Allgemeinheit einer Gesellschaft angesehen werden können[195]. Außerdem wurde in der Erhebung nicht beachtet, dass die kulturellen Grenzen nicht zwangsläufig mit den Ländergrenzen übereinstimmen müssen und mehrere Kulturen oder Subkulturen in einem Land existieren können[196].

---

[194] Eigene Darstellung in Anlehnung an: Cateora, P./ Graham, J, 2005, Seite 154

[195] Vgl. Holt, D.H./ Wigginton, K.W., 2002, Seite 300

[196] Vgl. Usunier, J.-C./ Lee, J.A., 2005, Seite 9

Trotz dieser Erhebungsschwächen kann als erster Anhaltspunkt aus den Indexwerten die Erkenntnis gewonnen werden, dass Unterschiede zwischen der deutschen und der chinesischen Kultur bestehen. Welche kulturellen Unterschiede einer genaueren Überprüfung unterzogen werden müssen, ist wiederum Branchen- und Motivabhängig. Ein exportorientiertes Unternehmen muss z.B. hauptsächlich kulturelle Faktoren untersuchen, die auf das Konsumentenverhalten einwirken. Dazu gehören etwa die Religion, das Ästhetikverständnis oder die Sprache. Ein produzierendes Unternehmen sollte stattdessen kulturelle Faktoren untersuchen, die das Arbeitsverhalten beeinflussen wie etwa soziale Institutionen, Bildung und Moral.

Als Beispiele für die Analyse von Kulturbesonderheiten in China soll die Philosophie des Konfuzianismus vorgestellt und das Prinzip des „Feng shui" analysiert werden. Der Konfuzianismus stellt die bedeutendste Philosophie Chinas dar und übt seit Jahrhunderten einen sehr starken Einfluss auf die chinesische Denkweise, das gesellschaftliche Leben und das Arbeitsverhalten aus. Diese Philosophie betont die Verpflichtungen des Menschen gegenüber anderen in Abhängigkeit von den Beziehungen der Menschen untereinander[197]. Für das Geschäftsleben wichtige Ausprägungen sind z.B. das strenge Hierarchiedenken und die große Bedeutung von sozialen Verbindungen, Beziehungsnetzwerken und Mittelsmännern. Die Bedeutung von Beziehungen wird durch den Terminus „Guanxi" beschrieben[198]. Aufgrund der chinesischen Kultur bestimmen Argwohn und Misstrauen alle Geschäftstreffen mit Fremden[199]. Im Geschäftsleben lässt sich Vertrauen auch nicht aufbauen, da jegliche Art von Geschäftsbeziehungen ohne Vertrauen gar nicht erst zustande kommt. Stattdessen muss Vertrauen mithilfe von „Guanxi" vermittelt werden. Dies geschieht dadurch, dass ein Geschäftspartner das Unternehmen an weitere Geschäftspartner vermittelt, die sich bereits untereinander vertrauen[200]. Die hohe Bedeutung von „Guanxi" kann somit als Marktbarriere wirken, wenn ein ausländisches Unternehmen nicht über ein notwendiges Beziehungsnetzwerk verfügt.

Die Geschichte der VR China zeigt, dass bis vor kurzem Eigentumsrechte und Vertragsgesetze nicht existent waren[201]. Verbindet man dies mit dem Kulturmerkmal des „Guanxi", wird deutlich, dass sich Chinesen mehr auf Treu und Glauben verlassen als auf detaillierte Verträge.

---

[197] Vgl. Holtbrügge, D./Puck, J.F., 2005, Seite 20

[198] Ausführliche Informationen über Guanxi und die Philosophie des Konfuzianismus finden sich bei: Reisach, U./ Tauber, T./ Yuan, X., 2003, Seite 306–320; Kotler, P./ Hoo, A. J./ Meng, L.S./ Tiong, T.C., 1999, Seite 442-443; Brick, J., 1996, Seite 127

[199] Vgl. Graham J.L./ Lam, M., 2004, Seite 27

[200] Vgl. Graham J.L./ Lam, M., 2004, Seite 27

[201] Vgl. Graham J.L./ Lam, M., 2004, Seite 29

„Feng Shui" wird in China als Prozess aufgefasst, der die Menschen und das Universum zum so genannten „ch'i" zusammenführt und das Ästhetikverständnis entscheidend prägt[202]. Darunter versteht man eine allgegenwärtige Energie, die durch den Prozess des „Feng shui" und der Schaffung einer harmonischen Umwelt in einem positiven Sinn nutzbar gemacht werden soll. Werden die Regeln des „Feng shui" nicht beachtet, entsteht „sha ch'i", negative Energie. Wird etwa das Gebäude einer Geschäftsbank nicht nach dem Prinzip des „Feng shui" gebaut und gestaltet, kann das für Chinesen Unglück bedeuten mit dem Resultat, dass diese Bankfiliale gemieden wird.

6.6 Politisch-rechtliche Bedingungen

Die politisch-rechtliche Umwelt beeinflusst in hohem Ausmaß unternehmerische Entscheidungen, denn durch sie werden die Grenzen gesetzt, innerhalb deren wirtschaftliche Aktivitäten möglich sind. Regierungen fördern, kontrollieren oder beschränken laufend Unternehmen in ihren wirtschaftlichen Tätigkeiten, indem sie durch gesetzliche Erleichterungen, kurze bürokratische Wege oder finanzielle Anreize wirtschaftliche Aktivitäten fördern, oder durch offene bzw. versteckte Restriktionen wirtschaftliche Aktivitäten hemmen[203]. Die politisch-rechtlichen Voraussetzungen und deren Stabilität bestimmen das für die Länderauswahl relevante politische Risiko. Um dieses Risiko einschätzen zu können und um möglicherweise hohen Strafen bei Verstößen gegen politisch-rechtliche Festsetzungen zu entgehen, müssen Basisinformationen bereits vor Beginn von Aktivitäten im Ausland ausgewertet werden[204]. Zwischen der politischen Umwelt und der rechtlichen Umwelt bestehen starke Interdependenzen, denn der Rechtsrahmen ist das Handlungsergebnis des politischen Systems eines Landes.

Das Verständnis von politisch-rechtlichen Bedingungen hängt vom Wissen über historische Ereignisse und kulturellen Aspekten ab, denn beide beeinflussen die politisch-rechtliche Entwicklung. Die chinesische Abneigung gegen detaillierte Verträge lässt sich zum einen aus der kulturell entsprungenen Gruppenorientierung erklären, zum anderen aus den historisch begründeten negativen Erfahrungen von ungleichen Verträgen, die die westlichen Mächte China im 19.Jahrhundert aufgezwungen haben.

---

[202] Vgl. Cateora, P./ Graham, J, 2005, Seite 111

[203] Vgl. Cateora, P./ Graham, J, 2005, Seite 158

[204] Aus Kosten- und Zeitgründen sollten detaillierte Informationen z. B. über Parteiprogramm erst nach einer getroffenen Entscheidung für einen Auslandsmarkt erfolgen, denn das politische Risiko lässt sich auch mit Basisinformationen wie z.B. Informationen über die Staatsform bestimmen. Um einem Anwendungsbeispiel gerecht zu werden, werden in diesem Buch auch einige Detailinformationen vorgestellt

6.6.1 Politische Bedingungen

Kenntnisse über die politischen Bedingungen sind für die Beurteilung des institutionellen Rahmens notwendig. Ein stabiler und ausgereifter institutioneller Rahmen erleichtert die längerfristigen Planungen und verringert die Unsicherheitsfaktoren[205]. Risiken und Marktbarrieren, die aus dem politischen Umfeld resultieren, können z.b. die Gefahr der Enteignung durch Verstaatlichung sein, in Einschränkungen des unternehmerischen Handlungsspielraums aufgrund staatlicher Auflagen, sozialer Unruhen oder Kriegen liegen, oder sich aus der Fiskal- und Geldpolitik eines Landes ergeben[206].

Ausgangspunkt der Betrachtung ist die politische Souveränität des jeweiligen Staates, denn nur ein souveräner Staat kann ohne fremde Mitbestimmung wirtschaftsrelevante Gesetzte erlassen und innerhalb seines Territoriums auf Unternehmen einwirken. Nationen können freiwillig auf einige Aspekte ihrer Souveränität verzichten, indem sie an übernationalen Organisationen partizipieren und länderübergreifend einheitliche Bedingungen übernehmen. Beispiele für solche Zusammenschlüsse sind die „Europäische Union" oder die „Welthandelsorganisation". Aus diesem Grund sollte ein Unternehmen prüfen, ob die Regierung des betrachteten Landes souverän handeln kann. Ist dies nicht der Fall, macht es wenig Sinn, weitere Informationen über das politische Umfeld des betrachteten Landes zu sammeln. Vielmehr muss ein Drittland oder eine übergeordnete Organisation eine stärkere Rolle bei der Betrachtung spielen.

Die Sorge um die politische Souveränität kann dazu führen, dass Regierungen ausgewählte Wirtschaftszweige, z.B. auf dem Energie- oder Telekommunikations-Sektor, für ausländische Unternehmen sperren und dadurch wirtschaftliche Aktivitäten von vorneherein verhindern.

Regierungen reglementieren oder behindern wirtschaftliche Aktivitäten ausländischer Unternehmen aus den folgenden Gründen:

- Schutz von nationalen Sicherheitsinteressen,
- Schutz der einheimischen Wirtschaft,
- Erhöhen von Staatseinnahmen durch Zölle oder Steuern,
- Revanche für unfaire Handelspraktiken anderer Länder[207].

---

[205] Vgl. Taube, M., 2003, Seite 41

[206] Vgl. Berndt, R./ Altobelli, C. F./ Sander, M., 2003, Seite100

[207] Vgl. Cateora, P./ Graham, J, 2005, Seite 164-168

Die VR China erlangte die politische Souveränität 1949 und ist seit 2001 Mitglied der WTO, deren Bedingungen schrittweise übernommen werden[208]. Wegen der Sorge um die politische Souveränität und aus Gründen der politischen Informationskontrolle bleibt z.b. der Markt für Telekommunikationsdienstleistungen auch nach dem WTO-Beitritt für ausländische Anbieter nur sehr begrenzt zugänglich[209]. Ausländische Anbieter können z.b. nur Minderheitsbeteiligungen mit bestehenden chinesischen Anbietern eingehen. Aufgrund eines Embargos der Europäischen Union können deutsche Rüstungsunternehmen keine Waffen an die VR China exportieren. Die Rüstungsindustrie ist damit vom Handel mit der VR China faktisch ausgeschlossen.

Die politischen Bedingungen werden durch die jeweilige Regierungsform bestimmt. Der Verwaltungsaufbau der VR China ist zentralistisch. Oberstes Organ ist der Staatsrat, dem alle Kommissionen, Ministerien und Institutionen unterstehen[210]. Legislative, Exekutive und Judikative obliegen zwar unterschiedlichen Institutionen, sind im Gegensatz zum demokratischen Prinzip der Gewaltenteilung aber nicht unabhängig voneinander. Alle unterstehen dem „Nationalen Volkskongress" mit Vertretern aus den verschiedenen Provinzen des Landes, der von der „Kommunistischen Partei Chinas" dominiert wird[211]. Da eine politische Opposition de facto nicht existiert, ist China ein Land mit einem Einparteiensystem. Für Unternehmen bedeutet dies, dass der Schwerpunkt der Kenntnisse auf dem politischen Konzept der Kommunistischen Partei Chinas liegen sollte.

Die Kommunistische Partei entwickelte als ordnungspolitischen Rahmen eine sozialistische Marktwirtschaft. Diese ist durch eine makroökonomische Planung und Kontrolle durch die Regierung mit Entscheidungsspielräumen für Unternehmer gekennzeichnet. Grund und Boden sowie die Produktionsmittel werden als Volkseigentum angesehen und an die Unternehmen verpachtet. Entscheidungsgrundlagen stellen 10-, 5- und 1-Jahrespläne mit Zielvorgaben zu Wachstumsraten für die Produktion in einzelnen Industriezweigen und Regionen, Mengen- und Richtpreisvorgaben dar[212]. Trotzdem gibt es zunehmende unternehmerische Freiheiten bei der Wahl der Mittel zur Erfüllung der Vorgaben. Die chinesische Führung hat zwar die große Bedutung der Privatwirtschaft für die wirtschaftliche Entwicklung des Landes erkannt, unterstützt diese aber nur soweit, wie sie den politischen Zielsetzungen nicht zuwiderläuft und die Machtposition der

---

[208] Vgl. http://www.auswaertiges-amt.de/laenderinfos/laender/laender_ausgabe_html?type_id=2&land_id=32, abgefragt am 19.11.05

[209] Vgl. Reisach, U./ Tauber, T./ Yuan, X., 2003, Seite 94

[210] Vgl. Reisach, U./ Tauber, T./ Yuan, X., 2003, Seite 29

[211] Vgl. Reisach, U./ Tauber, T./ Yuan, X., 2003, Seite 29

[212] Vgl. Reisach, U./ Tauber, T./ Yuan, X., 2003, Seite 40

chinesischen Führung nicht gefährdet[213]. Um dies zu kontrollieren sind ausländische Unternehmen im Rahmen ihrer Geschäftstätigkeit in vielfältiger Weise mit staatlichen Institutionen konfrontiert, deren Einfluss z.b. von den Genehmigungsverfahren über die Tätigkeit als Eigentümer von Staatsbetrieben bis hin zur Mitwirkung in den Leitungs- und Kontrollgremien von Joint Ventures reicht[214].

Der gesamte politische Prozess ist in ein komplexes Netzwerk von persönlichen Beziehungen und Verpflichtungen eingebettet, sodass es schwer fällt, klare Linien und Standpunkte zu identifizieren. Die formale Machtfülle, die mit Leitungspositionen in politischen Institutionen einhergeht, wird häufig durch verdeckte Einflusshierarchien unterlaufen. Eines der Probleme für Lobby-Arbeit ausländischer Unternehmen in China besteht deshalb darin herauszufinden wer tatsächlich befugt ist Entscheidungen zu treffen[215]. Im Gegensatz zu westlichen Gepflogenheiten versuchen chinesische Politiker nämlich nur selten, sich öffentlich durch eigene Meinungen oder Konzepte zu profilieren[216]. Außerdem führt dieses Netzwerk dazu, dass staatliche Genehmigungsverfahren weniger auf der Grundlage detaillierter gesetzlicher Bestimmungen erfolgen, sondern oftmals willkürlich[217].

Haupteinnahmequelle von Staaten sind Steuern. Steuerarten und deren Höhe beeinflussen direkt die Unternehmen und variieren von Staat zu Staat teils erheblich. Deswegen ist die Kenntnis über relevante Steuern und deren Höhe notwendig. In China ist momentan eine Reform des Steuersystems geplant. Diese soll vor allem für eine Gleichbehandlung in- und ausländischer Unternehmen sorgen. Bisher wurden ausländische Unternehmen mit Vergünstigungen angelockt und kamen z.B. in den Genuss einer vergünstigten Körperschaftssteuer in Höhe von 15-24%, statt normal 33%. Ebenso ist momentan noch für chinesisch-ausländische Produktions-Joint Ventures eine Befreiung von der Körperschaftssteuer für die ersten beiden Gewinnjahre möglich und eine Ermäßigung von 50% für die nächsten drei Folgejahre[218]. Für ausländische Unternehmen, die bisher mit Steuervorteilen gelockt wurden, dürfte diese Reform einen Verlust dieser Privilegien und eine Erhöhung der Steuerlast bedeuten.

---

[213] Vgl. Holtbrügge, D./ Puck, J.F., 2005, Seite 15

[214] Vgl. Holtbrügge, D./ Puck, J.F., 2005, Seite 15

[215] Vgl. Holtbrügge, D./ Puck, J.F., 2005, Seite 16

[216] Vgl. Reisach, U./ Tauber, T./ Yuan, X., 2003, Seite 31

[217] Vgl. Holtbrügge, D./ Puck, J.F., 2005, Seite 15

[218] Vgl. Reisach, U./ Tauber, T./ Yuan, X., 2003, Seite 73

Tabelle 14: Wesentliche Steuerarten und deren Steuersatz[219]

Steuer	Satz (in%)
Körperschaftssteuer: Bemessungsgrundlage ist das Nettoeinkommen aus in China erzielten Einkünften.	33
Mehrwertsteuer: Erhoben auf den Verkauf oder Import von Waren und Dienstleistungen	17
Mehrwertsteuer auf lebenswichtige Güter	13
Geschäftssteuer: Erhoben auf alle gewerblichen Tätigkeiten, die Übertragung immaterieller Wirtschaftsgüter und die Veräußerung unbeweglichen Vermögens. Der Steuersatz variiert nach Branche.	3 bis 20

Um die eigene Wirtschaft zu schützen, können Regierungen tarifäre Handelsbarrieren wie Zölle aufbauen, oder nicht tarifäre Handelsbarrieren wie Importquoten bzw. aufwendige Verpackungsstandards verlangen[220]. Diese beeinflussen bei exportierenden Unternehmen die Kosten, die Höhe der Preise bzw. den Gewinn. Generell sind deswegen Länder mit geringen Handelsbarrieren zu bevorzugen. China behindert den Import durch alle aufgeführten Handelsbarrieren, besonders durch hohe Zölle und administrativen Restriktionen. Seitdem die VR China Mitglied der Welthandelsorganisation ist, werden allerdings kontinuierlich die tarifären Handelshemmnisse abgebaut[221].

6.6.2 Rechtliche Bedingungen

Da es kein weltumspannendes, für alle Länder gleichermaßen gültiges Wirtschaftsrecht gibt, müssen Unternehmen die Gesetze jedes einzelnen Landes beachten, in denen sie tätig sind[222]. Deutsche Unternehmen müssten bei einem Engagement in China somit deutsche und chinesische Rechtsprechung beachten, in manchen Bereichen auch die übernationale Rechtsprechung der Europäischen Union. Dazu werden Informationen über den jeweiligen Rechtsrahmen benötigt. Unter dem Rechtsrahmen eines Staates kann die Gesamtheit der schriftlich fixierten Normen sowie gewohnheitsrechtlichen

---

[219] Eigene Darstellung in Anlehnung an: http://www.ihk-koeln.de/Intern/System/druckversion.jsp?OID=6648, abgefragt am 19.11.05

[220] Vgl. Cateora, P./ Graham, J, 2005, Seite 41

[221] Vgl. http://www.ustr.gov/assets/Documen_Library/Reports_Publications/2004/ 2004_National_Trade_Estimate/ 2004_NTE_Report/asset_upload_file218_4743.pdf, abgefragt am 19.11.05

[222] Vgl. Cateora, P./ Graham, J, 2005, Seite 180

Regelungen verstanden werden[223]. Besondere Relevanz besitzen für Unternehmen wegen ihrer Auswirkungen auf die Unternehmenstätigkeiten die folgenden Rechtsgebiete:

- Handel- und Wirtschaftsrecht,
- Recht des Währungs- und Kreditwesens,
- Gesellschafts- und Unternehmensrecht,
- Arbeitsrecht,
- Wettbewerbsrecht,
- Steuerrecht,
- Regelungen über Produkteigenschaften,
- Patentrecht und Urheberschutz.

Der Rechtsrahmen der meisten Staaten ist so komplex, dass es im Rahmen einer Länderrisikoanalyse unsachgemäß wäre eine Untersuchung im Detail durchzuführen. Notwendig für die Bestimmung eines Länderrisikos ist vielmehr eine Untersuchung, ob überhaupt ein adäquater Rechtsrahmen vorhanden ist, dieser den Unternehmen ausreichende Rechtssicherheit bietet und Rechtstitel praktisch durchsetzbar sind.

Daneben muss noch das Rechtsbewusstsein der Bevölkerung, z.B. auf dem Gebiet der Vertragstreue, untersucht werden, da die faktische Wirkung des Rechtsrahmens erst im Zusammenwirken mit dem vorhandenen Rechtsbewusstsein erfolgt[224].

Ein Länderrisiko kann sich aus rechtlichen Aspekten ergeben, wenn z.B. Marken, Patente und Know-how nicht geschützt werden, Verstöße gegen Verträge oder Mängel nicht geahndet werden können, bestehende Gesetzte praktisch nicht umgesetzt oder aufgrund eines mangelnden Rechtsbewusstseins missachtet werden, Gerichte willkürlich entscheiden und Schwierigkeiten bei der Rechtsverfolgung und Rechtsdurchsetzung bestehen[225]. Auch kann die Durchsetzung von Rechtspositionen im Ausland sehr lange dauern und in einem erheblichen Umfang finanzielle Mittel binden[226].

Chinas Wirtschaftsrechtsrahmen befindet sich noch im Aufbau. Grund dafür ist die kulturell bedingte Bevorzugung persönlicher Konfliktregelung, zum anderen die historisch fehlende Rechtsstaatlichkeit des sozialistischen Systems [227]. Seit der wirtschaftlichen Öffnung erfolgt eine Neuorientierung des chinesischen Rechtssystems, ein Prozess der noch andauert. Deswegen ist die Gesetzeslage oftmals nicht transparent

---

[223] Vgl. Meffert, H./ Bolz, J., 1998, Seite 45

[224] Vgl. Dülfer, E., 2001, Seite 390

[225] Vgl. Berndt,R./ Altobelli, C. F./ Sander, M., 2003, Seite101

[226] Vgl. Niehoff, W./ Reitz, G., 2001, Seite 95

[227] Vgl. Reisach, U./ Tauber, T./ Yuan, X., 2003, Seite 141

und führt in Verbindung mit einer verzögerten zeitlichen Veröffentlichung im Ausland zu Rechtsunsicherheiten ausländischer Unternehmer[228]. Dazu kommt, dass in vielen Regionen erfahrene Richter und Anwälte noch Mangelware darstellen[229].

Rechtssicherheit bedeutet für Unternehmen, dass der Staat seine Gewalt nur innerhalb eines klar durch Gesetze umschriebenen Rahmens ausübt. Wegen der fehlenden Gewaltenteilung fehlt in China allerdings bei der Durchsetzung von Ansprüchen oder bei der Abwehr von Eingriffen die Möglichkeit, gegen den Staat oder seine Organe rechtlich vorzugehen[230]. Aufgrund des politischen Systems und der Abhängigkeit der Gerichte von der Kommunistischen Partei sind der Gesetzesvollzug und die Rechtsverfolgung von übergeordneten politischen Interessen abhängig[231]. Wegen dieser Abhängigkeit lässt sich auch die Nachlässigkeit der Justiz beim Kampf gegen Plagiate erklären, denn die Herstellung und der Handel mit diesen repräsentieren Millionen chinesischer Arbeitsplätze[232].

Generell ist zu beachten, dass in der VR China ein anderes Rechtsempfinden vorherrscht als in Deutschland[233]. Dies betrifft vor allem die wirtschaftlich relevanten Gebiete der Vertragstreue und des Schutzes von geistigem Eigentum. Für ein deutsches Unternehmen stellt z.B. ein einmal ausgehandelter Vertrag die bindende Grundlage für alle folgenden Aktivitäten dar. Für Chinesen werden Verträge als weniger bindend angesehen und mehr als Orientierungshilfe verstanden[234].

Geistiges Eigentum ist nach chinesischem Verständnis nicht im Besitz eines Einzelnen und kann somit auch nicht geschützt werden. Aus diesem Grund ist die Hemmschwelle zur Produktpiraterie, trotz bestehender Schutzgesetze, gering. Fälschungen bedeuten für Unternehmen einen finanziellen Verlust sowie eventuell Imageeinbußen oder Haftungsansprüche, wenn diese Produkte den üblichen Qualitätsanforderungen nicht genügen und Schaden verursachen. Die Produktpiraterie hat mittlerweile solche Ausmaße angenommen, dass nach Schätzungen ca. 30% aller Markenprodukte in China Fälschungen sind[235]. Dies betrifft Waren aller Art, z.B. Luxusgüter, technische Industrieerzeugnisse, Lebensmittel, Bekleidung, elektrische Geräte, Zigaretten, Kfz-Ersatzteile, etc.

---

[228] Vgl. Reisach, U./ Tauber, T./ Yuan, X., 2003, Seite 144

[229] Vgl. o.V. (b),2005, Seite 32;

[230] Vgl. Reisach, U./ Tauber, T./ Yuan, X., 2003, Seite 153

[231] Vgl. Geulen, T., 2001, Seite 55

[232] Vgl. o.V. (c), 2005, Seite 35

[233] Vgl. Geulen, T., 2001, Seite 56

[234] Vgl. Geulen, T., 2001, Seite 55

[235] Vgl. Granier, B., 2004 Seite 39

6.7 Ökonomische Daten

Ökonomische Daten geben Aufschluss über das Marktpotenzial, denn dieses wird nicht allein von der Anzahl der potenziellen Konsumenten bestimmt, Das Marktpotenzial wird vielmehr durch die Kaufkraft bestimmt, die von Größen wie dem Einkommen, den Preisen, dem Sparverhalten und der Verfügbarkeit von Krediten abhängt[236]. Durch ökonomische Daten können die Länder mit dem größten Marktpotenzial identifiziert und miteinander verglichen werden. Betrachtet man die ökonomischen Daten bestimmter Regionen innerhalb eines Landes, ergeben sich Hinweise für eine Marktsegmentierung. Die Einkommensverhältnisse und der Arbeitsmarkt geben Grenzen für Unternehmenstätigkeiten und für preispolitische Ziele vor und stellen so Marktbarrieren dar.

6.7.1 Marktpotenzial: BIP und Pro-Kopf-Einkommen

Die Lage der Gesamtwirtschaft beeinflusst jedes einzelne Unternehmen. Zu dessen Beurteilung werden makroökonomische Statistiken wie z.B. das Bruttoinlandsprodukt, die Inflationsrate, die Arbeitslosenquote oder der Außenhandelssaldo herangezogen. Um zu beurteilen ob eine Volkswirtschaft gut oder schlecht dasteht wird das Gesamteinkommen dieser Volkswirtschaft betrachtet. Das Gesamteinkommen eines Landes wird durch das BIP dargestellt[237]. In China ist es in den letzten Jahren stark gestiegen.

Tabelle 15: Bruttoinlandsprodukt der VR China[238]

Bruttoinlandsprodukt	2004	2003	2002	2001	2000
BIP (Mrd. USD)	1650,7	1377,6	1237,1	1176,2	1081,3
BIP pro Kopf (in USD)	1270	1090	970	900	850
Reales Wachstum (in%)	9,5	9,3	8,0	7,5	8,0

Betrachtet man das BIP unkritisch, könnte man von einem gigantischen einheitlichen Markt mit exorbitanten Wachstumsraten ausgehen. Allerdings muss man bei der Betrachtung der Wachstumsraten bedenken, dass in China von einem sehr niedrigen Ausgangsniveau gerechnet wird. Außerdem partizipieren in China wesentlich mehr

[236] Vgl. Kotler, P./ Hoon Ang, S./ Meng Leong, S./ Tiong Tan, C., 1999, Seite 166

[237] Vgl. Mankiv, N.G., 2001, Seite 533

[238] Eigene Darstellung in Anlehnung an: o.V. (d), 2005, Seite 23; http://www.auswaertiges-amt.de/www/de/laenderinfos/laender/laender_ausgabe_html?type_id=24&land_id=32, abgefragt am 19.11.05; http://www.auswaertiges-amt.de/www/de/infoservice/download/pdf/wirtschaftsberichte/ 32_wb2.pdf, abgefragt am 19.11.05

Menschen am BIP als in anderen Ländern. Aufgrund dieser Tatsache ist ein Ländervergleich anhand des BIP nur bedingt geeignet und kann zu Fehleinschätzungen des Marktpotenzials führen. Verlässt man sich bei der Einschätzung eines Marktes allein auf das BIP wird die Verteilung des Einkommens auf die Bevölkerung nicht beachtet. Je mehr Menschen an der Entstehung des BIP beteiligt sind desto höher ist auch das Marktpotenzial.

Nicht alle Menschen besitzen das notwendige Einkommen, um sich die qualitativ meist höherwertigen und teuren Produkte aus Deutschland zu kaufen. Die Kennzahl, die das Marktpotenzial in diesem Sinne zusammenfasst, ist das Pro-Kopf-Einkommen.

Obwohl die VR China gemessen am Wirtschaftswachstum einen Spitzenplatz in der Welt einnimmt, belegt sie gemessen am Pro-Kopf-Einkommen nur eine mittlere Position. Das durchschnittliche Pro-Kopf-Einkommen weist regionale Unterschiede auf und liegt auf dem Land bei etwa 274€ jährlich, in den Städten bei 900€[239]. Diese Zahlen zeigen, dass innerhalb der Bevölkerung ein großes Kaufkraftgefälle vorherrscht und man China nicht als einheitlichen Wachstumsmarkt mit 1,3 Milliarden Marktteilnehmern betrachten kann[240]. Die Gruppe zahlungskräftiger Konsumenten mit Kaufkraft ist somit kleiner. Das Marktpotenzial ist zu relativieren und je nach Produkt und Kaufkraft sehr unterschiedlich zu betrachten. Von den 1,3 Mrd. Chinesen zählen etwa 200 Millionen zu einer kaufkräftigen Mittelschicht[241]. Damit verfügt der Großteil der chinesischen Bevölkerung bislang nicht über das notwendige Einkommen, um sich die meist teueren Produkte ausländischer Hersteller leisten zu können[242]. Verglichen mit dem Pro-Kopf-Einkommen von etwa 25000€ in der BRD, ist das Pro-Kopf-Einkommen sehr niedrig[243]. Wesentlich weniger Menschen erzielen ein Einkommen, das man in der BRD als durchschnittlich bezeichnen würde. Obwohl das Wirtschaftswachstum der letzten Jahre landesweit zu einer Verbesserung des Pro-Kopf-Einkommens beigetragen hat, ist die Masse der Chinesen nach unseren Maßstäben sehr arm[244].

Besonders für Produkte im Hochpreissegment stellt das Pro-Kopf-Einkommen eine wichtige Segmentierungsgröße dar[245]. Wird bei der Segmentierung nur die Bevölkerungsanzahl betrachtet, kann man übersehen, dass es im betrachteten Land eventuell nur einen sehr geringen Anteil von Konsumenten gibt, die sich Hochpreisprodukte auch

---

[239] Vgl. Holtbrügge, D./ Puck, J., 2005, Seite 8

[240] Vgl. Zinzius, B., 2000, Seite 5

[241] Vgl. Zinzius, B., 2000, Seite 12

[242] Vgl. Reden, K./ Fischer, U.A./ Junkes, J., 2003, Seite 89

[243] Vgl. Reden, K./ Fischer, U.A./ Junkes, J., 2003, Seite 89

[244] Vgl. Granier, B., 2004, Seite 29

[245] Vgl. Kotler, P./ Hoon Ang, S./ Meng Leong, S./ Tiong Tan, C., 1999, Seite 167

finanzieren können. Für Produkte, deren Preis sehr niedrig ist, kann das Pro-Kopf-Einkommen vernachlässigt werden. Hier stellt die Bevölkerungsanzahl die wichtigere Variable zur Bestimmung des Marktpotenzials dar.

Auch die Abschätzung des Marktpotenzials anhand des Pro-Kopf-Einkommens muss kritisch betrachtet werden. Das statistisch ausgewiesene Pro-Kopf-Einkommen kann nicht exakt ermittelt werden und ist meist niedriger als die tatsächlich vorhandenen Einkommen. Zwischen den statistisch ermittelten Einkommen und den tatsächlichen Einkommen entsteht eine Diskrepanz, da viele Chinesen Einkommen aus Zweit- oder Drittjobs beziehen, die weder steuerlich und statistisch erfassbar sind[246].

Die Verwendung des Einkommens chinesischer Haushalte zeigt die folgende Abbildung:

Abbildung 16: Struktur der Haushaltsausgaben[247]

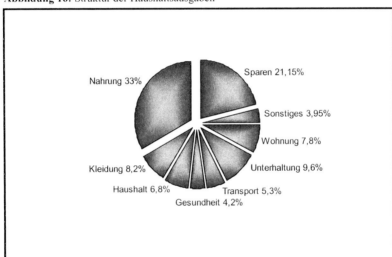

---

[246] Vgl. Zinzius, B., 2000, Seite 12

[247] Eigene Darstellung in Anlehnung an: Reisach, U./ Tauber, T./ Yuan, X., 2003, Seite 126

6.7.2 Währung und Inflation

Die Höhe und Stabilität des Wechselkurses im Vergleich zur heimischen Währung muss besonders von exportierenden Unternehmen beachtet werden, wenn deren Waren in ausländischer Währung bezahlt werden und wieder gewechselt werden müssen. Generell sind Länder mit stabilen Währungen vorzuziehen, denn in diesen ist das Risiko, Verluste aus Wechselkursgeschäften zu erleiden, geringer als bei Ländern mit stark schwankenden Wechselkursen. Der Wechselkurs der chinesischen Währung Renminbi Yuan ist seit Ende 1997 an den US-Dollar gekoppelt. Die Schwankungsmarge beträgt +/- 0,01%. Gegenüber allen anderen Währungen verändert sich der Kurs im gleichen Verhältnis, wie der US-Dollar auf den internationalen Devisemärkten gehandelt wird. Die vor allem aufgrund amerikanischer Forderungen nach einer Aufwertung des Yuan laufende Diskussion zwischen den Regierungen könnte im Ergebnis dazu führen, dass die chinesische Währung künftig an einen Korb verschiedener Währungen gekoppelt oder die Schwankungsmarge verbreitert wird.

Im Verhältnis zum Euro ist der Wechselkurs:

- 9,5573 Yuan entsprechen 1€,
- 0,1046 € entsprechen 1 Yuan[248].

Eine Inflation verringert die Kaufkraft jeder Geldeinheit im Zeitverlauf[249]. Um das Pro-Kopf-Einkommen genauer wiedergeben zu können, muss deswegen auch die Inflation der Währung eines Landes betrachtet werden.

Tabelle 16: Inflationsrate in Prozent[250]

2004	2003	2002	2001	2000
3,9	1,2	-0,8	0,7	0,4

Für einige Produkte gab es eine besonders hohe Teuerung, z.B. stiegen die Preise für Nahrungsmittel um 10,4% und für Treibstoffe um 11,9%.

---

[248] Wechselkurs mit Stand November 2005: http://finance.yahoo.com/currency, abgefragt am 21.11.05

[249] Vgl. Mankiv, , N.G., 2001, Seite 552

[250] Eigene Darstellung in Anlehnung an: http://www.auswaertiges-amt.de/www/de/infoservice/download/pdf/wirtschaftsberichte/32_wb2.pdf, abgefragt am 19.11.05

6.7.3 Außenhandel

Informationen über den Außenhandel eines Landes zeigen den Grad der Handelsbeziehungen zu bestimmten Ländern. Die Art und Menge der Importe geben Hinweise auf die Güternachfrage eines Landes. Im Rahmen der Umstrukturierung der chinesischen Wirtschaft kommt dem Außenhandel eine große Bedeutung zu. Zwischen 1978 und 2003 stieg das Handelsvolumen von rund 44 Mrd. USD auf 851,1 Mrd. USD und der Anteil des chinesischen Außenhandels am Welthandel von 1% auf 6% an[251].

Abbildung 17: Struktur des chinesischen Außenhandels[252]

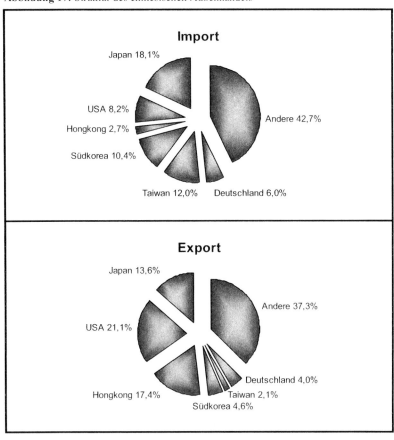

[251] Vgl. Holtbrügge, D./ Puck, J., 2005, Seite 10

[252] Eigene Darstellung in Anlehnung an: Holtbrügge, D./ Puck, J., 2005, Seite 10

Im Jahr 2003 hat China Waren im Wert von 438,3 Mrd. USD exportiert und Waren im Wert von 412,8 Mrd. USD importiert. Die wichtigsten Handelspartner Chinas sind Japan, die USA und Hongkong[253]. Deutschland ist der wichtigste Handelspartner innerhalb der EU. Die deutschen Ausfuhren nach China umfassen insbesondere Maschinenbauerzeugnisse, Kfz und Kfz-Teile, elektrotechnische und elektronische Erzeugnisse sowie vollständige Fabrikationsanlagen[254],[255].

Tabelle 17: Deutsch-chinesischer Handel in Mrd. €[256]

	2004	2003	2002	2001	2000
Deutsche Exporte nach China	20,9	18,2	14,6	12,2	9,4
Deutsche Importe aus China	32,3	25,6	21,3	19,8	18,4
Saldo (deutsches Defizit)	-11,4	-7,4	-6,7	-7,6	-9

6.7.4 Arbeitsmarkt

Daten über den Arbeitsmarkt sind sowohl für produzierende als auch für exportierende Unternehmen von Interesse. Informationen über die Arbeitslosenquote ergänzen z.b. für exportierende Unternehmen die Erkenntnisse über das Marktpotenzial, denn im Allgemeinen hängt die Kaufkraft auch von der Arbeitslosenquote ab. Das bedeutet, dass das Marktpotenzial in Ländern mit geringerer Arbeitslosenquote generell höher ist, da mehr Menschen ein Einkommen verdienen und dies auch konsumieren können. Für produzierende Unternehmen sind Informationen über die Verfügbarkeit von Arbeitskräften und deren Qualität von Interesse. Abgesehen vom meist teuren Einsatz von „Expatriates" oder „Third-Country-Nationals [257] " stellt die Verfügbarkeit von Arbeitskräften und deren Qualität eine Markteintrittsbarriere für Unternehmen dar.

---

[253] Mit der Rückgabe Hongkongs durch Großbritannien im Jahr 1997 wurde Hongkong – wie auch Macao nach der Rückgabe 1999 durch Portugal – eine Sonderverwaltungszone. Beiden wurde für 50 Jahre weitgehende Autonomie zugestanden. Deswegen wird Hongkong als eigenständiger Handelspartner in den Statistiken gelistet

[254] Vgl. Holtbrügge, D./ Puck, J., 2005, Seite 10

[255] China selbst exportiert vor allem elektrotechnische Erzeugnisse sowie Strickwaren und Bekleidung

[256] Eigene Darstellung in Anlehnung an: http://www.auswaertiges-amt.de/www/de/infoservice/download/pdf/wirtschaftsberichte/32_wb2.pdf, abgefragt am 19.11.05

[257] „Expatriates" nennt man Mitarbeiter aus dem Heimatland, die im Gastland arbeiten. Die Herkunft von Third-Country-Nationals liegt nicht im Heimatland oder im Gastland, sie kommen aus Dritt-Staaten

Die Entwicklung des Arbeitsmarktes hängt von den politischen Bedingungen eines Landes ab. Durch Investitionen in den Bildungssektor können Regierungen z.B. die Qualität des Arbeitsangebotes erhöhen.

Die Zahlen über die Arbeitslosigkeit in der VR China schwanken beträchtlich und liegen je nach Quelle zwischen 3,6% und 10%, auf dem Land sogar bei ca. 30%[258]. Diese hohe Differenz kommt zustande, da aus politischen Gründen chinesische Quellen oftmals die Arbeitslosenzahlen niedriger ausweisen als sie der Realität entsprechen und generell alle Quellen keine verlässlichen Daten über die Höhe der Wanderarbeiter haben.

Auch wegen dieser hohen Arbeitslosigkeit besitzt das Land ein nahezu unerschöpfliches Reservoir an billigen Arbeitskräften. Rund 700 bis 800 Millionen Chinesen sind momentan noch bereit, für zwei USD am Tag zu arbeiten[259].

Durch hohe Investitionen in die Hochschulen wurde in den letzten Jahren die Anzahl der Studienplätze auf 16 Millionen verdoppelt[260]. War das Land lange Zeit fast ausschließlich ein Billiglohnland für einfache Montage- und Handarbeiten, so wird es durch sein wachsendes Reservoir von Akademikern zunehmend zum High-Tech-Standort[261].

6.8 Wettbewerbssituation

Die Attraktivität eines Landes hängt nicht nur von dessen Marktpotenzial ab, sondern wird auch von der Wettbewerbssituation beeinflusst. Die Wettbewerbssituation in einem Land wird durch die in Abbildung 18 dargestellten Faktoren bestimmt.

Ein Land mit einer günstigen Wettbewerbssituation sollte stets vorgezogen werden, da sich dort im Allgemeinen höhere Preise erzielen lassen und sich das vorhandene Marktpotenzial leichter und mit weniger Ressourceneinsatz abschöpfen lässt. Eine günstige Wettbewerbssituation liegt dann vor, wenn wenige bzw. schwache Konkurrenten im Land sind, die Verhandlungsstärke der Lieferanten und die Verhandlungsmacht der Abnehmer gering sind, hohe Eintrittsbarrieren für potenzielle neue Konkurrenten bestehen und die Bedrohung durch Ersatzprodukte unwesentlich ist.

---

[258] Vgl. Reisach, U./ Tauber, T./ Yuan, X., 2003, Seite 85

[259] Vgl. Hirn, W., 2005, Seite 11

[260] Vgl. o.V. (e), 2004, Seite 92

[261] Vgl. o.V. (e), 2004, Seite 92

Abbildung 18: Einflussfaktoren auf die Wettbewerbssituation[262]

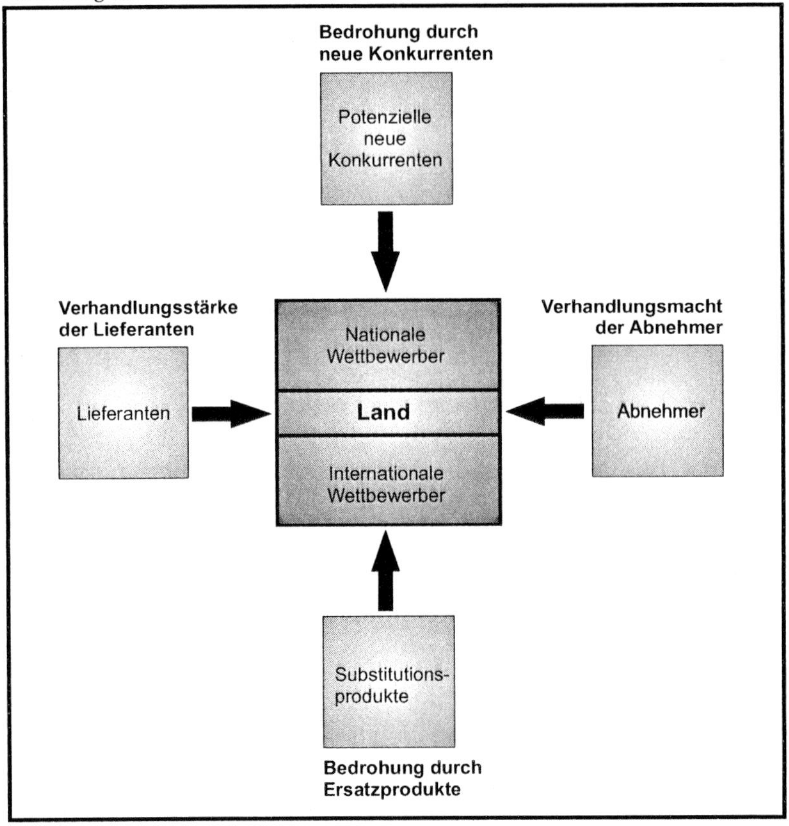

Zur Beurteilung der Wettbewerbssituation müssen deshalb an dieser Stelle Kenntnisse über die Anzahl und Art der vorhandenen Konkurrenten erlangt werden. Außerdem müssen Informationen zur Bedrohung durch neue Konkurrenten und zur Abnehmer-/ Lieferantenstärke gesammelt werden[263]. Auf die Gefahr möglicher Substitutionsprodukte soll in diesem Buch nicht eingegangen werden, denn die Verdrängung von Produkten durch neue Technologien besteht weltweit gleichermaßen und sollte deswegen generell für jedes Unternehmen, unabhängig einer bevorstehenden Internationalisierung, Gegenstand einer strategischen Umweltanalyse sein.

---

[262] Eigene Darstellung in Anlehnung an: Bruns, J., 2003, Seite 84

[263] Vgl. Bruns, J., 2003, Seite 85

Kenntnisse über die vorherrschende Wettbewerbssituation werden auch nach der Länderauswahl, im Hinblick auf die Erzielung von Wettbewerbsvorteilen, für die Strategische Ausrichtung der Unternehmung verwendet[264]. Aus den erlangten Kenntnissen lassen sich wettbewerbsorientierte Strategien entwickeln.

Ausgangspunkt der Wettbewerbsanalyse ist die Definition des Geschäftsfeldes. Danach lassen sich Konkurrenten identifizieren, die in diesem Geschäftsfeld im Wettbewerb zum eigenen Unternehmen stehen. Geschäftsfelder sind Erfolgspotenziale, die eine eigenständige Behandlung durch das Unternehmen erfahren. Sie sind also so abgegrenzt, dass sie eine eigenständige, von anderen Geschäftsfeldern unabhängige, Marktaufgabe haben[265].

Um eine Aussage über die Wettbewerbssituation hinsichtlich der Konkurrenten treffen zu können, müssen die folgenden Informationen vorliegen:
- Wer sind die relevanten Wettbewerber?
- Wo liegen ihre Stärken und Schwächen?
- Was sind ihre Strategien?
- Was sind ihre Ziele?[266]

Das Wettbewerbsumfeld innerhalb eines Landes kann sich für die jeweiligen Geschäftsfelder aus einheimischen und internationalen Konkurrenten zusammensetzen. Als Indikator für die Stärke dieser Konkurrenten können die relativen Marktanteile herangezogen werden, aber auch Kompetenzen, Ressourcen und Erfolgspotenziale[267]. Bei den Kompetenzen handelt es sich um spezielle Fähigkeiten von Unternehmen, die bewusst zur Erzielung von Markt- und Wettbewerbsvorteilen eingesetzt werden können. Hinweise auf die Ressourcen geben die Anzahl und Fähigkeiten der Mitarbeiter, die Finanzkraft sowie die Umsatz- und Gewinnsituation.

Hier lassen sich auch die gewonnen Informationen über die politischen Bedingungen verwenden. Staatliche Unterstützung für Konkurrenten, z.B. Subventionen, Kredite bzw. günstige Steuern für einheimische Unternehmen oder die Existenz staatlicher Monopole, prägen die Wettbewerbssituation und können diese durch die genannten Maßnahmen zugunsten einheimischer Konkurrenten verzerren[268]. Informationen über die Strategien und Ziele der Konkurrenten müssen für die Prognose der zukünftigen Entwicklung der Wettbewerbssituation herangezogen werden. Wenn z.B. das Ziel eines potenziellen

---

[264] Vgl. Hünerberg, R., 1994, Seite 49

[265] Vgl. Benkenstein, M., 2002, Seite 28

[266] Vgl. Kotler, P./ Hoon Ang, S./ Meng Leong, S./ Tiong Tan, C., 1999, Seite 244

[267] Vgl. Hünerberg, R., 1994, Seite 49

[268] Vgl. Hünerberg, R., 1994, Seite 49

Konkurrenten im Marktaustritt aus dem betrachteten Land liegt, kann dieses Unternehmen in Zukunft als direkter Konkurrent in diesem Land vernachlässigt werden.

Hinsichtlich potenzieller neuer Konkurrenten muss das Land auf Eintrittsbarrieren untersucht werden. Unter Eintrittsbarrieren versteht man alle Kräfte, die ein Unternehmen davon abhalten können in einen neuen Markt zu investieren[269]. Auch hier lassen sich Informationen über das politische Umfeld verwenden. Zum Beispiel können die Eintrittsbarrieren für neue Konkurrenten durch eine strenge und eingeschränkte Konzessionsvergabe durch den Staat hoch gehalten werden. Aber auch schlechte Finanzierungsmöglichkeiten im ausgewählten Land können den Markteintritt neuer und kapitalarmer Konkurrenten verhindern.

Die Analyse der Wettbewerbssituation bezüglich der Lieferanten ist für alle Unternehmen von Bedeutung, die Direktinvestitionen in Form einer Auslandsproduktion planen[270].

Prüfungsrelevante Faktoren sind zum Beispiel:

- Anzahl und wirtschaftliche Größe der Lieferanten,
- Marktmacht,
- Qualität von Rohstoffen und Vorprodukten,
- Angebotsumfang.

Eine große Lieferantenmacht kann wegen überhöhter Preisforderungen, geringer oder schwankender Qualität bzw. Service zu einem Attraktivitätsverlust des Marktes und zu einem Wettbewerbnachteil im Vergleich zu anderen Konkurrenten führen, denn höhere Einkaufspreise müssen in der Regel an die Konsumenten weitergegeben werden[271].

Die Wettbewerbssituation wird schließlich von der Verhandlungsmacht der Abnehmer beeinflusst. Die Verhandlungsmacht der Abnehmer beeinflusst die Preis-, Qualitäts-, und Serviceanforderungen der potenziellen Käufer. Die Verhandlungsmacht wird insbesondere vom Konzentrationsgrad der potenziellen Käufer, deren Informationsstand über Konkurrenzprodukte und dem Standardisierungsgrad der Produkte beeinflusst.

Angelockt durch das hohe Wirtschaftswachstum, Unmengen potenzieller Konsumenten und die niedrigen Löhne haben sich seit der Marktöffnung alle bedeutsamen multinationalen Konzerne und viele mittelständische Unternehmen aus aller Welt in China

---

[269] Vgl. Pfau, W., 2001, Seite 26

[270] Vgl. Berndt, R./ Altobelli, C. F./ Sander, M., 2003, Seite 33

[271] Vgl. Pfau, W., 2001, Seite 25

angesiedelt. Dazu kommt noch eine breite Phalanx chinesischer Unternehmen, die aus China einen hart umkämpften Markt machen[272]. Deutschen Unternehmen stehen somit viele multinationale und chinesische Unternehmen als Wettbewerber gegenüber. Gerade die häufig unterschätzten chinesischen Unternehmen konnten in den letzten Jahren Marken etablieren und hohe Marktanteile auf dem chinesischen Markt erobern[273].

Die folgende Tabelle zeigt eine subjektive Auswahl chinesischer Unternehmen, die das Potenzial zu Konkurrenten international tätiger Unternehmen haben:

Tabelle 18: Wichtige chinesische Konkurrenten[274]

Unternehmen	Produkte	Umsatz in Mio. US$ (Stand 2002)	Weitere Informationen
Haier Group	Haushaltsgeräte wie Kühlschränke, Klima-anlagen, Mikrowellen, Waschmaschinen	8.600	www.haier.com
Huawei Technologies	Switches und Router für optische Netze, Mobil-funk- und Breitbandnetze sowie Lan	2.700	www.huawei.com
Lenovo	PC, Notebooks, Mother-boards, Server, Hand-helds, Mobiltelefone	2.600	www.lenovo.com/de/de
Sichuan Changhong Electric	TV-Geräte, Klimaanla-gen, DVD- und MP3-Spieler, Batterien	53	www.changhong.com
Wanxiang Group	Automobilkomponenten	1.000	www.wanxiang.com
China Mobile	Mobilfunk-Betreiber	19.000	www.chinamobile.com/english
Alibaba.com	E-Commerce-Plattform	68	www.alibaba.com
SAIC	Automobilhersteller	11.000	www.saicgroup.com
Sinopec	Raffinerie- und Petro-chemie	keine Angaben	http://english.sinopec.com
Baosteel	Stahl	14.000	www.baosteel.com
Qingdao	Bier	1.200	www.tsingdaobeer.com
Ningbo Bird	Mobiltelefone	keine Angaben	www.birdintl.com

---

[272] Vgl. Hirn, W., 2005, Seite 125

[273] Vgl. Zeng, M./ Williamson, P, 2004, Seite 38

[274] Eigene Darstellung in Anlehnung an: Hirn, W., 2005, Seite 115-122; Zeng, M./ Williamson, P, 2004, Seite 40

6.9 Infrastruktur

Zur Infrastruktur eines Landes gehören alle grundlegenden Einrichtungen, die den Unternehmenstätigkeiten mehrerer Industriezweige dienen und eine wirtschaftliche Tätigkeit ermöglichen[275]. Dazu gehören Verkehrswege wie Straßen und das Eisenbahnnetz, Flug- und Seehäfen, Kommunikationsnetzwerke und die Energieversorgung.

Die Marktattraktivität ist mit der Qualität der Infrastruktur eng verbunden. Die durch die ökonomischen Daten ermittelten potenziellen Kunden können z.b. nur erreicht werden, wenn auch Verkehrswege vorhanden sind um die Waren zu den Kunden zu transportieren. Aus diesem Beispiel wird deutlich, dass die bloße Existenz von potenziellen Kunden nicht ausreicht um die Marktattraktivität eines Landes zu bestimmen. Vielmehr muss auch eine geeignete Infrastruktur im Zielland vorhanden sein. Für Unternehmen, die im Ausland produzieren wollen, gilt die Verbindung zwischen Marktattraktivität und Infrastruktur entsprechend. Niedrige Fertigungslöhne im Ausland verlieren z.B. an Attraktivität, wenn dort das Energienetz sehr schlecht ausgebaut ist und es dadurch häufig zu unvorhergesehenen Produktionsausfällen kommt. Außerdem können niedrige Fertigungslöhne wegen einer mangelhaften Infrastruktur und damit einhergehenden hohen Transportkosten aufgehoben werden. Die Infrastruktur eines Landes kann somit als Engpassfaktor bei der Umsetzung der Internationalisierungsmotive angesehen werden[276]. Deswegen sind alle für das jeweilige Unternehmen bedeutsamen Infrastrukturfaktoren, wie z.B. das Kommunikationsnetz für Internet-Unternehmen oder interregionale Verkehrswege für verkaufsorientierte Unternehmen, zu erfassen und zu untersuchen.

Tabelle 19: Ausgewählte Infrastrukturfaktoren der VR China[277]

Land	Straßen (1000 km)	Kfz (pro 1000 Personen)	Schienen (in km)	Energie (kwh pro Person)	Handys (pro 1000 Personen)	Computer (pro 1000 Personen)
China	1403	8	58656	827	110	19
Deutschland	231	529	36652	5963	682	382
USA	6304	759	160000	12331	451	625
Brasilien	1724	79	25652	1877	167	63
Indien	3319	7	62759	354	6	6
Japan	1162	560	20165	7628	588	349
Mexiko	330	151	17697	1655	217	69

---

[275] Vgl. Cateora, P./ Graham, J, 2005, Seite 251

[276] Vgl. Reisach, U./ Tauber, T./ Yuan, X., 2003, Seite 87

[277] Eigene Darstellung in Anlehnung an: Cateora, P./ Graham, J, 2005, Seite 251

Diese Zahlen dürfen allerdings nicht absolut betrachtet werden. Besonders die Daten über das Verkehrsnetz müssen in Relation zur Größe eines Landes betrachtet werde. In absoluten Zahlen hat China ein größeres Schienennetz als Deutschland. Zieht man aber die geographische Größe des Landes mit in die Betrachtung ein, kann festgestellt werden dass Deutschland ein wesentlich dichteres Schienennetz besitzt als die VR China.

Nach einer Vorauswahl müssen auch qualitative Aspekte mit in die Bewertung einfließen. Zum Beispiel sind Informationen über Internetzugangsmöglichkeiten für E-Commerce Unternehmen elementar. Zur Feinauswahl müssen aber gleichzeitig auch die Bandbreiten betrachtet werden, da eventuell die Angebote eines Unternehmens trotz einer hohen Rate an Internetzugangsmöglichkeiten wegen zu niedriger Bandbreiten für den Massenmarkt nicht geeignet ist. Weitere Beispiele für qualitative Aspekte sind Kapazitäten von Flug-, und Seehäfen.

Die bestehenden Transportkapazitäten innerhalb der VR China sind momentan nicht in der Lage den mit dem Wirtschaftswachstum steigenden Bedarf zu decken. Wegen eines maroden und zu kleinen Schienennetzes, zu wenigen Autobahnen und überlasteten Flug-, und Seehäfen können gegenwärtig nur etwa 70% des Frachtbedarfs gedeckt werden[278]. Besonders für produzierende Unternehmen in den boomenden Süd-, und Ostprovinzen ist dies problematisch, da fast sämtliche Rohstoffe in Zentral-, Nord-, und Westchina gefördert werden und somit aufwendige Langstreckentransporte quer durch China notwendig sind[279]. Aufgrund der infrastrukturellen Engpässe im Transportbereich ist es in Kombination mit der enormen Marktgröße Chinas schwierig den gesamten Markt von einem einzigen Produktionsstandort zu bedienen. Für Unternehmen bedeutet dies entweder Abstriche bei der Marktdurchdringung oder erhöhte Investitionen in mehrere Standorte.

Umfassende Distributionskanäle sind nicht im gesamten Land verfügbar. Besonders in ländlichen Regionen haben sich noch keine Distributionskanäle herausgebildet[280]. In Kombination mit dem hohen Anteil der ländlichen Bevölkerung ist ein Großteil der Gesamtbevölkerung für ausländische Konsumgüterhersteller de facto nicht zu erreichen. Auch die Energieversorgung konnte mit dem Wirtschaftswachstum nicht Schritt halten. Die Energienachfrage ist momentan um 11% größer als das Angebot, was in allen Teilen des Landes zu Blackouts und stillstehenden Fabriken führt[281]. Besonders in den Ballungszentren müssen Unternehmen mit kurzfristigen Reaktionen der Behörden rechnen. Um die Energieknappheit zu verwalten kann es vorkommen, dass Unternehmen

---

[278] Vgl. Reisach, U./ Tauber, T./ Yuan, X., 2003, Seite 89

[279] Vgl. Reisach, U./ Tauber, T./ Yuan, X., 2003, Seite 88

[280] Vgl. Reden, K./ Fischer, U.A./ Junkes, J., 2003, Seite 89

[281] Vgl. Hirn, W., 2005, Seite 160

angewiesen werden, Nacht- statt Tagesschichten zu fahren oder das Unternehmen an manchen Tagen zu schließen um am Wochenende zu arbeiten[282].

6.10 Auswertung der marktanalytischen Kriterien

Um die Entscheidung für einen Markteintritt oder gegen einen Markteintritt vorzubereiten, müssen aus den marktanalytischen Kriterien Chancen und Risiken abgeleitet werden. Dazu wird die so genannte SWOT-Analyse[283] verwendet, in der die Informationen über die Marktattraktivität und die Marktbarrieren eines Landes in Relation mit den Informationen aus der Unternehmensanalyse gesetzt werden[284]. Die Verbindung der Informationen aus dem „Country Notebook" mit der Unternehmensanalyse erlaubt eine Aussage über den zu erwartenden Fit zwischen Unternehmensinnenwelt und Unternehmensaußenwelt[285]. Durch die Verbindung beider Analysen werden KMU alle Länderchancen aufgezeigt, die nicht ausgeschöpft werden können, weil sie entweder den durch die bestehenden Ressourcen abgesteckten Rahmen überschreiten oder mit dem spezifischen Ressourcenprofil des Unternehmens nicht vereinbar sind[286].

Eine Chance ergibt sich für ein Unternehmen immer dann, wenn eine attraktive Umweltbedingung auf eine besondere Stärke des Unternehmens trifft und die erwarteten Umsätze die erwarteten Kosten übersteigen[287]. Ein Beispiel für eine Chance ist das aus den ökonomischen Kriterien abgeleitete Marktpotenzial für das Angebot eines Unternehmens. Im Gegensatz dazu entsteht ein Risiko für ein Unternehmen, wenn eine Marktbarriere auf Schwächen des Unternehmens trifft.

Aus den marktanalytischen Kriterien lassen sich exemplarisch die folgenden Risiken ableiten:

- Transportrisiko,
- Kulturrisiko,
- Enteignungsrisiko,
- Transferrisiko,
- Marktrisiko,
- Währungsrisiko.

---

[282] Vgl. Hirn, W., 2005, Seite 161

[283] SWOT ist die Abkürzung für die englischen Bezeichnungen „Strengths (Stärken), Weaknesses (Schwächen), Opportunities (Chancen), Threats (Risiken)"

[284] Vgl. Kotler, P., 2003, Seite 102

[285] Vgl. Pfau, W., 2001, Seite 44

[286] Vgl. Meffert, H., 2000, Seite 68

[287] Vgl. Daniels, J.D.7 Radebaugh, L.H./ Sullivan, D., 2004, Seite 383

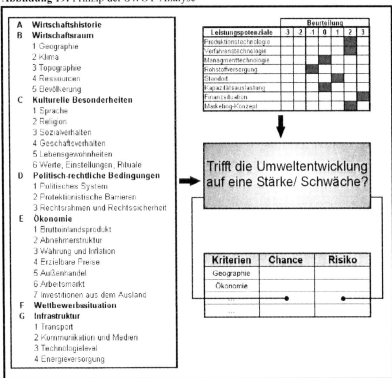

Das **Transportrisiko** besteht in der Gefahr des Untergangs, der Beschädigung oder Verzögerung einer Warensendung[289]. Dieses Risiko kann durch die Informationen über den Wirtschaftsraum und die Infrastruktur evaluiert werden. Das **Kulturrisiko** besteht in der Annahmeverweigerung des Leistungsangebots aufgrund von kulturellen Differenzen. Das **Enteignungsrisiko** gehört zum politischen Risiko und ergibt sich aus dem politisch-rechtlichen Umfeld. Es bezieht sich auf den Entzug von Vermögen und Rechten[290]. Auch das **Transferrisiko** ergibt sich aus dem politisch-rechtlichen Umfeld und besteht in der Gefahr, dass Regierungen den Transfer von Gewinnen, Gütern oder Personal in bzw. aus dem Land einschränken[291]. Das **Marktrisiko** geht aus den ökonomischen Kriterien

---

[288] Eigene Darstellung in Anlehnung an: Pfau, W., 2001, Seite 44

[289] Vgl. Apfelthaler, G., 1999, Seite 123

[290] Vgl. Meffert, H./ Bolz, J., 1998, Seite 68

[291] Vgl. Meffert, H./ Bolz, J., 1998, Seite 68

hervor und beschreibt die Gefahr der konjunkturellen Fehlentwicklung eines Landes[292]. Das **Währungsrisiko** kann anhand der ökonomischen Kriterien bestimmt werden. Es besteht dann, wenn infolge von Wechselkursschwankungen der Gegenwert von Forderungen in ausländischer Währung sinkt[293].

Je nach Internationalisierungsmotiv kann der chinesische Markt in dreierlei Hinsicht von Interesse sein:

- China als Absatzmarkt,
- China als Beschaffungsmarkt,
- China als Produktionsstandort.

Für jedes Geschäftsmodell treten unterschiedliche Risiken in den Vordergrund der Betrachtung. Will das Unternehmen die VR China z.b. als Absatzmarkt nutzen, liegt der Schwerpunkt der Betrachtung auf dem Marktrisiko, dem Transferrisiko und dem Währungsrisiko. Bei der Nutzung der VR China als Produktionsstandort steht hauptsächlich das politische Risiko im Vordergrund.

Nachdem die für das Unternehmen relevanten Chancen und Risiken ausgewählt worden sind, können sie mit den vorhandenen Informationen für den Ländervergleich durch Anwendung der bereits vorgestellten Punktbewertungsmethode oder des Checklistenverfahrens verwendet werden. Tabelle 20 bezieht sich auf kein bestimmtes Geschäftsmodell und zeigt exemplarisch die Anwendung des Checklistenverfahrens nach Durchführung einer fiktiven SWOT-Analyse auf.

China als Absatzmarkt ist aufgrund der steigenden Kaufkraft interessant. Allerdings stellt die starke Zersplitterung des chinesischen Absatzmarktes in regionaler und sozialer Hinsicht ein großes Marktrisiko dar[294]. Die durch das Wirtschaftswachstum verschärfte Wettbewerbssituation führt dazu, dass chinesische Kunden zunehmend aus einem größer werdenden und qualitativ hochwertigeren Angebot auswählen können. Auf lange Sicht wird es für ausländische Unternehmen nicht ausreichen, mit einem mittelmäßigen Produkt präsent zu sein[295]. Die verschärfte Wettbewerbssituation kann außerdem zu einem starken Preiskampf führen, was die Chance auf hohe Gewinne minimiert.

---

[292] Vgl. Apfelthaler, G., 1999, Seite 123

[293] Vgl. Meffert, H./ Bolz, J., 1998, Seite 68

[294] Vgl. Geulen,T., 2001, Seite 75

[295] Vgl. Geulen,T., 2001, Seite 75

Tabelle 20: Exemplarische Anwendung des Checklistenverfahrens

		Potenzielle Zielländer			
		VR China	Land A	Land B	Land C
	Transportrisiko				
	Extreme natürliche Bedingungen	X			X
	Lückenhafte Infrastruktur	X	X		
	Kulturrisiko				
	Kulturbarrieren	X		X	
	Sprachbarrieren	X			
	Politisches Risiko				
	Abhängigkeit der Justiz	X	X	X	X
Umwelt-einflüsse	Gefahr der politischen Instabilität	X		X	
	Protektionismus	X	X	X	X
	Marktrisiko				
	Geringes Marktpotenzial				X
	Geringe Kaufkraft für das Leistungsangebot		X		
	Zersplitterter Markt	X			
	Schwierige Wettbewerbssituation	X	X	X	
	Ressourcenknappheit			X	X
	Währungsrisiko				
	Hohe Inflationsrate			X	

China als Beschaffungsmarkt kann sowohl für Rohstoffe aller Art als auch für Vorprodukte oder Fertigprodukte genutzt werden. Allerdings bedingt die geographische Entfernung zu Deutschland unter Umständen hohe Transportzeiten. Hinzukommt ein zunehmendes politisches Risiko aus Deutschland und China für den Import für Fertigprodukte in Form von Quoten und Zöllen[296].

China als Produktionsstandort ist wegen seiner niedrigen Löhne interessant. Auch in naher Zukunft wird die günstige Produktion aufgrund der hohen Arbeitslosenzahlen gewährleistet bleiben[297]. Allerdings sehen sich ausländische Unternehmen der fehlenden Rechtssicherheit und der teilweise willkürlichen Behandlung durch staatliche Stellen ausgesetzt[298].

---

[296] Vgl. Geulen,T., 2001, Seite 85

[297] Vgl. Hahn, R./ Lambrou, A., 2005, Seite 157

[298] Vgl. Reisach, U./ Tauber, T./ Yuan, X., 2003, Seite 153

7 Methodik der strategisch-operativen Planung eines China-Engagements

Nachdem die Entscheidung für ein Engagement in einem oder mehreren ausländischen Märkten getroffen wurde, muss sich das Unternehmen mit der strategisch-operativen Planung des Markteintritts befassen. Die zentralen Problemfelder, die dabei angeschnitten werden müssen, lassen sich durch die folgenden Leitfragen veranschaulichen:

Tabelle 21: Leitfragen der strategisch-operativen Planung[299]

1	Welche **Ziele** verfolgen wir in China? Geht es uns um höhere Umsätze, Erträge oder primär um Präsenz in einem Wachstumsmarkt? Welcher Zeitrahmen ist für die Planung gegeben? Wollen wir China als Absatzmarkt nutzen, oder als Produktionsstandort, oder als Ausgangsbasis für eine gesamte Region?
2	Muss unsere **Organisation** der neuen Herausforderung angepasst werden? Verfügen wir über geeignetes Personal, um im Ausland aktiv zu werden?
3	Welche **Geschäftsfelder und Leistungen** eignen sich für den ausgewählten Markt und müssen diese an neue Konsumentenbedürfnisse angepasst werden? Können/ Wollen wir Neuentwicklungen für den ausländischen Markt vornehmen?
4	Welche **Märkte und welche Kunden** können wir erreichen bzw. wollen wir bedienen? In welche **Segmente** können wir den ausländischen Markt einteilen?
5	Welche **Markteintrittsform** passt zu unseren Zielen und ist mit den vorhandenen Ressourcen durchzuführen? Wie können die erforderlichen Investitionen finanziert werden? Können wir mit einer staatlichen/ regionalen **Förderung** rechnen? Benötigen wir **Kooperationspartner**?
6	Wo befinden sich geeignete **Standorte**? Wo befinden sich unsere Partner und Lieferanten? Müssen wir neue Partner suchen oder können wir mit unseren vertrauten Zulieferern und Kunden im Ausland aktiv werden?

Bevor der eigentliche Markteintritt vollzogen und die Geschäftstätigkeit im ausländischen Markt begonnen werden kann, müssen u.a. Ziele entwickelt, die Unternehmensorganisation der komplexeren Geschäftstätigkeit angepasst, das Auslandsengagement finanziert und abgesichert, der Zielmarkt segmentiert, die Leistungen des Unternehmens an diese Segmente angepasst, eine Markteintrittsform gewählt werden, Kontakte im Zielland geknüpft, und Entscheidungen über einen Standort und eventuelle Kooperationspartner getroffen werden. Da sich diese Bereiche der Planung gegenseitig beeinflussen und voneinander abhängig sind, muss die Planung methodisch vorgenommen werden.

---

[299] Eigene Darstellung in Anlehnung an: Reisach, U./ Tauber, T./ Yuan, X., 2003, Seite 174

Abbildung 20: Methodik der strategisch-operativen Planung

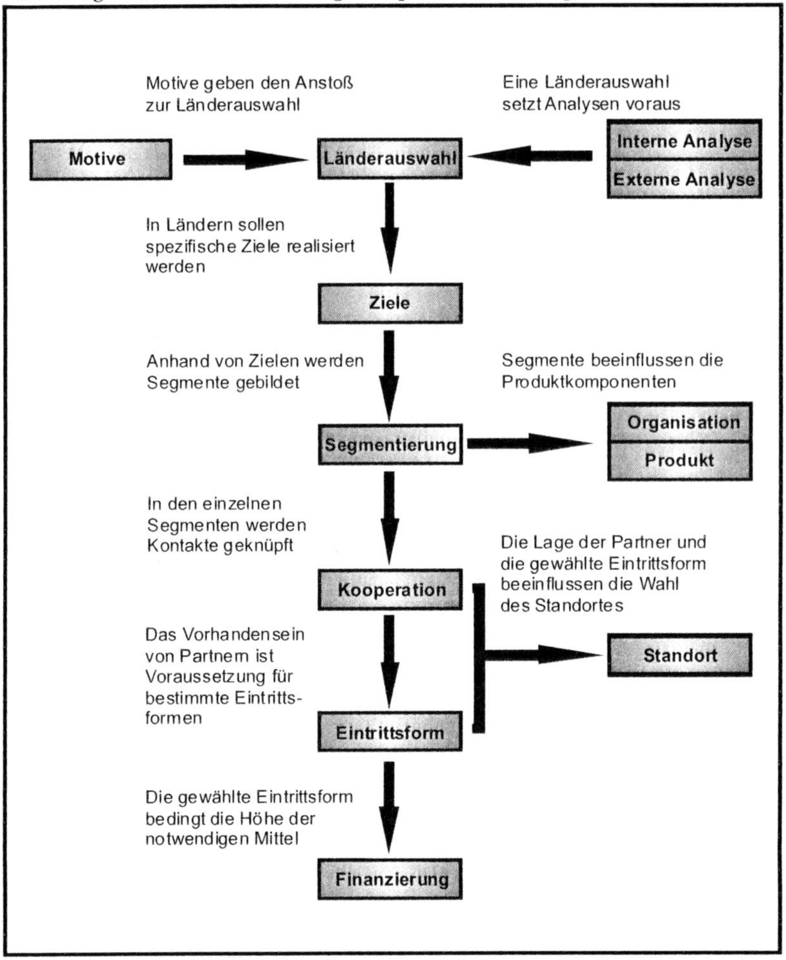

Motive geben den Anstoß
zur Länderauswahl

Eine Länderauswahl
setzt Analysen voraus

Motive → Länderauswahl ← Interne Analyse / Externe Analyse

In Ländern sollen
spezifische Ziele realisiert
werden

Ziele

Anhand von Zielen werden
Segmente gebildet

Segmente beeinflussen die
Produktkomponenten

Segmentierung → Organisation / Produkt

In den einzelnen
Segmenten werden
Kontakte geknüpft

Die Lage der Partner und
die gewählte Eintrittsform
beeinflussen die Wahl
des Standortes

Kooperation

Das Vorhandensein
von Partnern ist
Voraussetzung für
bestimmte Eintritts-
formen

Standort

Eintrittsform

Die gewählte Eintrittsform
bedingt die Höhe der
notwendigen Mittel

Finanzierung

Die strategisch-operative Planung des Auslandsengagements verwendet als Informationsbasis das „Country Notebook". Dieses wird nun um spezifische Informationen erweitert, die zur Länderauswahl noch nicht benötigt wurden, wie z.B. Informationen über Konsumenten-Cluster in einzelnen Regionen des Landes oder wichtige Messetermine im Gastland.

7.1 Zielbestimmung

Auslandsbezogene Ziele stellen Orientierungs- bzw. Richtgrößen für das gesamte unternehmerische Handeln dar[300]. Sie bilden den Ausgangspunkt und die Grundlage der strategisch-operativen Planung und beeinflussen alle weiteren Planungsentscheidungen. Anhand von Zielen werden geeignete Produkte, Partner, Investitionsvolumina, das Geschäftsmodell und Standorte ausgewählt. Die Bedeutung von festgelegten Zielen beschränkt sich nicht nur auf die strategisch-operative Planung eines Auslandsengagements. Auch nach einem erfolgten Markteintritt lässt sich eine wirksame Kontrolle des Auslandsengagements nur durch einen Soll-/Ist-Abgleich mit Hilfe festgelegter Ziele durchführen.

Die internationalen Zielsetzungen lassen sich aus den allgemeinen Internationalisierungsmotiven und den generellen Unternehmenszielen ableiten und konkretisieren diese bezüglich Inhalt, Ausmaß und Zeitbezug[301]. Der Zielinhalt bezieht sich auf die sachliche Festlegung des angestrebten Zustandes, z.B. Erhöhung der Kundenzufriedenheit. Das Zielausmaß fixiert das Anspruchsniveau, das mit der Verfolgung der Zielinhalte angestrebt wird, z.B. Erhöhung der Kundenzufriedenheit um 10%. Der Zeitbezug legt die Geltungsdauer der Ziele fest, z.B. Erhöhung der Kundenzufriedenheit um 10% innerhalb eines Jahres[302].

Im Zuge der Länderauswahl erfolgt eine Spezifizierung der Unternehmensziele für jeden ausgewählten Ländermarkt[303]. Diese Länderziele sind anschließend für die einzelnen Funktionsbereiche zu konkretisieren, an denen sich die Planung ausrichtet. Bei der Festlegung von internationalen Zielen ist zu beachten, dass Interdependenzen zwischen ihnen bestehen[304]. Im internationalen Bereich ergeben sich Zielinterdependenzen wegen begrenzter Ressourcen nicht nur zwischen den einzelnen Funktionsbereichen sondern auch zwischen den einzelnen Ländermärkten. Die Interdependenzen können in drei Ausprägungen auftreten und so in unterschiedlichem Ausmaß die internationale Zielplanung beeinflussen.

---

[300] Vgl. Jenner, T., 2003, Seite 52

[301] Vgl. Hünerberg, R., 1994, Seite 92

[302] Vgl. Pfau, W., 2001, Seite 12

[303] Vgl. Berndt, R./ Altobelli, C.F./ Sander, M., 2003, Seite 91

[304] Vgl. Benkenstein, M., 2002, Seite 131

Konfliktäre Zielbeziehungen entstehen dann, wenn die Erfüllung eines Ziels die Erreichung eines anderen Ziels verhindert oder mindert. Komplementäre Zielbeziehungen liegen vor, wenn die Erfüllung eines Ziels eine positive Wirkung auf die Erreichung eines anderen Ziels hat. Bei neutralen Zielbeziehungen liegen keine wechselseitigen Beeinflussungen der Ziele vor[305].

Zur Systematisierung können internationale Ziele in mehrere Kategorien unterteilt werden:

Abbildung 21: Kategorien möglicher Unternehmensziele[306]

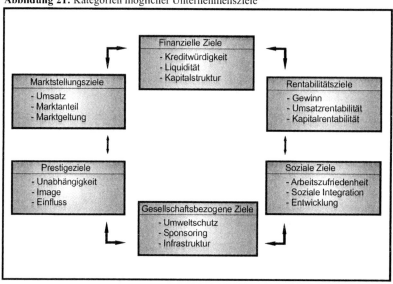

[305] Vgl. Benkenstein, M., 2002, Seite 131

[306] Eigene Darstellung in Anlehnung an: Benkenstein, M., 2002, Seite 116

7.2 Marktsegmentierung

Nach der Auswahl von attraktiven Ländermärkten ist zur Erhöhung der Erfolgswirksamkeit des Zielsystems eine Marktsegmentierung innerhalb der einzelnen Länder durchzuführen [307]. Bei einer Marktsegmentierung wird eine Aufteilung eines Gesamtmarktes in mehrere Teilmärkte mit intern bedürfnishomogenen Abnehmergruppen bzw. Regionen vorgenommen, die untereinander heterogen sind. Durch eine Segmentierung kann ein hoher Identitätsgrad zwischen der angebotenen Marktleistung und den Bedürfnissen der Zielgruppen erreicht werden, was den Markterfolg der Leistung positiv beeinflusst [308]. Eine Marktsegmentierung wird besonders bei einem Engagement in der VR China notwendig, weil aufgrund der Größe und Heterogenität des Marktes nicht der gesamte chinesische Ländermarkt für die Leistungen des Unternehmens geeignet ist. Außerdem ist es für KMU aufgrund beschränkter Ressourcen oftmals nicht möglich alle Konsumenten in einem breiten Markt zu bedienen [309].

7.2.1 Segmentierungskriterien

Die Methodik der Segmentierung eines Auslandsmarktes unterscheidet sich nicht von der Methodik, die auf dem Heimatmarkt zur Marktsegmentierung angewendet wird. Zur Aufteilung eines Gesamtmarktes in intern homogene und extern heterogene Marktsegmente bedarf es auch im Ausland der Auswahl geeigneter Segmentierungskriterien [310]. Diese Kriterien gewährleisten eine sinnvolle Abgrenzung der Konsumenten zueinander.

Dazu müssen die Segmentierungskriterien die folgenden Anforderungen erfüllen:

- Kaufverhaltensrelevanz,
- Messbarkeit,
- Zugänglichkeit,
- Wirtschaftlichkeit,
- Zeitliche Stabilität [311].

---

[307] Vgl. Jahrmann, F.-U., 2004, Seite 239

[308] Vgl. Meffert, H., 2000, Seite 183

[309] Vgl. Kotler, P., 2003, Seite 278

[310] Vgl. Meffert, H., 2000, Seite 186

[311] Vgl. Meffert, H., 2000, Seite 186

Tabelle 22: Marktsegmentierungskriterien[312]

Verhaltensorientierte Kriterien	Psychographische Kriterien	Sozio-demographische Kriterien	Geographische Kriterien
Preisverhalten	Aktivitäten	Geschlecht	Ballungsräume
Mediennutzung	Interessen	Alter	Regionen
Einkaufsstättenwahl	Einstellungen	Familienstand	Industriestandorte
Produkt-/Markenwahl	Lebensstil	Zahl der Kinder	Stadtviertel
Kaufvolumen	Werte	Haushaltsgröße	Straßenabschnitte
Verwendungs-	Motive	Beruf	
intensität	Nutzenvorstellungen	Ausbildung	
	Soziale Orientierung	Einkommen	

Nach der Auswahl von geeigneten Segmentierungskriterien werden in einem nächsten methodischen Schritt die Merkmalsausprägungen in der Stichprobe des jeweiligen Landes festgestellt, um daraus schließlich Gruppen zu bilden[313].

Trotz einer einheitlichen Methodik liegt die besondere Problematik der internationalen Marktsegmentierung in der Datenerhebung[314]. Besonders bei psychographischen Kriterien gibt es Probleme mit der Messbarkeit, da diese auf nicht beobachtbaren Konstrukten des Käuferverhaltens beruhen und in unterschiedlichen Kulturbereichen gedeutet werden müssen.

Die Wahl geeigneter Segmentierungskriterien ist Branchen- und Ressourcenabhängig. Zum Beispiel können KMU die geographische Marktsegmentierung bei geringem Budget heranziehen. Daten zu geographischen Kriterien können einfach und kostengünstig aus Sekundärquellen beschafft werden[315]. Eine Segmentierung nach dem Kriterium „Geschlecht" bietet sich z.B. immer dann an, wenn die zugrunde gelegte Produktgruppe in einem direkten Zusammenhang zum Geschlecht steht. Dies ist etwa bei Kosmetika oder Kleidung der Fall.

---

[312] Eigene Darstellung in Anlehnung an: Meffert, H., 2000, Seite 188

[313] Vgl. Berndt, R./ Altobelli, C.F./ Sander, F., 2003, Seite 115

[314] Vgl. hierzu auch Kapitel 5.2

[315] Vgl. Meffert, H., 2000, Seite 189

7.2.2 Segmentierung der VR China

Anhand der vorgestellten Kriterien lässt sich die VR China in mehrere Segmente aufteilen. Im Folgenden werden Beispiele für die Segmentierung nach verschiedenen Kriterien vorgestellt.

Nach den soziodemographischen Kriterien „Alter" und „Einkommen" kann man die VR China in drei Segmente unterteilen[316]. Die Konsumentengeneration über 45 Jahren verbrachte ihre Jugend in der Kulturrevolution. Viele Menschen aus dieser Generation verfügen nur über schlechte Fremdsprachenkenntnisse, da zu dieser Zeit die meisten Universitäten geschlossen waren. Aus diesem Grund fühlen sie sich auf internationalem Parkett noch unsicher und bevorzugen in der Regel vertraute chinesische Produkte. Die Konsumentengeneration zwischen 25-45 Jahren ist die kaufkräftigste Schicht. Beim Konsum orientiert sich diese Gruppe an internationalen Vorbildern und ist besonders an teuren Spitzenprodukten interessiert. Die Konsumentengruppe unter 25 Jahren wird auch „Kleine Kaiser " genannt. Aufgrund der chinesischen Einkindpolitik sind die meisten jungen Chinesen Einzelkinder und werden von der ganzen Familie verwöhnt. Dadurch haben sie schon in jungen Jahren hohe Ansprüche und sind mit ausländischen Marken bestens vertraut.

Legt man als Segmentierungskriterium das „Einkommen" zu Grunde, lassen sich die Konsumenten in vier Klassen einteilen[317]. Zur Arbeiterklasse zählen die auf dem Land lebenden Bauern sowie Arbeiter, die ihren Lebensunterhalt ausschließlich aus ihrem Arbeitslohn bestreiten. Diese Gruppe besitzt nur eine sehr geringe Kaufkraft und ist nicht in der Lage westliche Markenprodukte zu kaufen. Zur unteren Mittelklasse gehören Mitarbeiter staatlicher Institutionen, die neben ihrem Arbeitslohn zusätzlich noch geldwerte Zusatzleistungen, wie z.B. Wohnungen, erhalten. Dadurch verfügen sie insgesamt über eine höhere Kaufkraft als die Arbeiterklasse. Die Mittelklasse bezieht neben ihrem Gehalt bei staatlichen, privaten oder ausländischen Unternehmen meistens noch schwarze Einkommen. Der Kauf westlicher Markenprodukte zählt zu den regelmäßigen Konsumgewohnheiten und dient vor allem dazu den sozialen Status nach außen sichtbar zu machen. Die kleine reiche Oberklasse besteht vor allem aus Unternehmensgründern, Top-Managern und Celebrities, die fast ausschließlich westliche Markenartikel konsumieren. Wegen der statistisch nicht erfassbaren Zweitjobs ist allerdings eine Segmentierung ausschließlich nach dem „Einkommen" problematisch, da eine exakte Ermittlung des benötigten Datenmaterials nicht möglich ist[318].

---

[316] Vgl. o.V. (f), 2004, Seite 76

[317] Vgl. Holtbrügge, D./ Puck, J., 2005, Seite 102

[318] Vgl. Zinzius, B., 2000, Seite 12

Der chinesische Markt kann weiterhin in private und institutionelle Konsumenten segmentiert werden. Eine Besonderheit des chinesischen Marktes ist dabei, dass institutionelle Konsumenten nicht nur Investitionsgüter sondern in großem Umfang auch Konsumgüter nachfragen[319]. Dies ist darauf zurückzuführen, dass sich chinesische Unternehmen auch für die privaten Bedürfnisse ihrer Mitarbeiter verantwortlich fühlen und diesen z.b. im Rahmen von Zusatzleistungen Konsumgüter verbilligt oder kostenlos abgeben.

Nach geographischen Kriterien kann die VR China in acht Regionen unterteilt werden: Nordwesten, Zentralprovinzen, Nordosten, Sichuan, Großraum Peking, Großraum Shanghai, Südwesten und Großraum Guangdong. Diese Einteilung berücksichtigt die Lage der verschiedenen Provinzen. Neben der Lage werden bei dieser Unterteilung in Regionen auch das Pro-Kopf-Einkommen und Kulturausprägungen, wie z.B. Dialekte, berücksichtigt[320].

7.3 Angleichung der Unternehmensprozesse und Unternehmensleistungen an marktspezifische Besonderheiten

Nachdem Länder für ein Auslandsengagement ausgewählt und Marktsegmente gebildet wurden, müssen alle Unternehmensaktivitäten auf die Erfordernisse dieser Märkte ausgerichtet werden. Unterschiedliche Umweltbedingungen und eine erhöhte Komplexität der Unternehmensaufgaben machen es dabei notwendig, die im Heimatmarkt bewährten Unternehmensprozesse und Unternehmensleistungen an die ausländischen Segmente anzupassen.

7.3.1 Angleichung der Unternehmensprozesse

Die Organisationsstruktur vieler KMU zeichnet sich durch stark zentralisierte Entscheidungsprozesse aus[321]. Dies ist auf die typische Personalunion von Unternehmensgründer, Unternehmenseigentümer und Geschäftsführer zurückzuführen[322]. Aufgrund der erhöhten Komplexität einer Internationalisierung ist eine Zentralisierung der Entscheidungsbefugnis in der Person des Geschäftsführers allerdings von Nachteil[323]. Die geringe Breite und Tiefe der Führungsorganisation und die hohe Involvierung in das

---

[319] Vgl. Hotlbrügge,D./ Puck, J., 2005, Seite 104

[320] Vgl. http://www.fiducia-china.com/info/library/2310-1822.pdf abgefragt am 19.12.05

[321] Vgl. Geulen, T., 2001, Seite 34

[322] Vgl. Geulen, T., 2001, Seite 34

[323] Vgl. Geulen, T., 2001, Seite 99

Tagesgeschäft kann zu einer Zeit- und Kompetenzüberlastung der Geschäftsführung führen und damit eine erfolgreiche Internationalisierung und auch das Heimatgeschäft beeinträchtigen. Gerade bei Geschäftsbeziehungen zu Partnern in der VR China kann sich eine Zeitüberlastung der Geschäftsführung fatal auswirken, da in China erfolgreiche Geschäftskontakte kulturbedingt durch Stetigkeit, ständige Reaktionsfähigkeit und starken Personenbezug gekennzeichnet sind[324].

Um auch bei simultaner Bearbeitung mehrerer Ländermärkte Schnelligkeit, Effizienz und Flexibilität zu gewährleisten, müssen die Unternehmensprozesse deshalb den Erfordernissen der Internationalisierung angepasst werden. Dies kann durch eine Veränderung der Unternehmensorganisation erreicht werden[325].

Unter Organisation versteht man hierbei einen durch Regeln geschaffenen Ordnungsrahmen, der die Aktivitäten im Rahmen des Wertschöpfungsprozesses eines Unternehmens zielgerichtet zusammenführen soll[326]. Dieser Rahmen liefert die strukturelle Basis für das Zusammenwirken von Personen, Sachmitteln und Informationen im Beziehungsgefüge zwischen Unternehmen und Umwelt[327]. Dazu gehören z.B. Regeln zur Festlegung der Aufgabenverteilung, Regeln der Koordination, Verfahrensrichtlinien, Kompetenzabgrenzungen, Weisungsrechte, etc.

Die Art und Intensität der notwendigen strukturellen Veränderungen hängen von der Form und dem Ausmaß des internationalen Engagements ab. Besteht das angestrebte internationale Engagement z.B. aus reinem Export in einen heimat-ähnlichen Markt, ergeben sich, abgesehen von der Einrichtung einer Exportabteilung, keine gravierenden organisatorischen Konsequenzen[328]. Eine internationale Tochtergesellschaft erfordert stattdessen eine größere Veränderung der bestehenden Organisationsstruktur. Bei geographischer Entfernung zum Mutterunternehmen sind die einzelnen Organisationseinheiten über mehrere Länder verteilt, was einen erhöhten Koordinationsbedarf zur Folge hat[329].

Um der Problematik der Überlastung der Geschäftsführung zu entgehen, müssen Kompetenzen auf eine zentrale und kompetente Stelle im Unternehmen delegiert werden, bei der alle Informationen zusammenlaufen[330]. Durch die Übertragung von Entschei-

[324] Vgl. Zürl, K.-H., 2005, Seite 16

[325] Vgl. Meffert, H./Bolz, J., 1998, Seite 255

[326] Vgl. Steinmann, H./ Schreyögg, G., 2002, Seite 403

[327] Vgl. Berndt, R./ Altobelli, C.F./ Sander, M., 2003, Seite 247

[328] Vgl. Welge, M.K., Holtbrügge, D., 2003, Seite 153

[329] Vgl. Yip, G.S., 2003, Seite 194

[330] Vgl. Berndt, R./ Altobelli, C.F./ Sander, M., 2003, Seite 247

dungsbefugnissen ist diese Organisationseinheit in der Lage auch ohne Rücksprache mit der Geschäftsführung schnell und flexibel auf die Erfordernisse eines spezifischen Auslandsmarktes reagieren zu können. Die Größe dieser neuen Organisationseinheit kann dabei je nach Ausmaß des Auslandsengagements und der Unternehmensgröße variieren und eine oder mehrere Personen umfassen[331]. Aber auch die Konzentration auf eine eigenständige Organisationseinheit kann bei hoher Diversifikation in mehrere Länder nicht mehr ausreichend sein, da die unterschiedlichen Umweltbedingungen auch unterschiedliche Kompetenzen bedingen und dies wiederum zur Überforderung einer einzelnen Einheit führen kann.

Zur Ausbildung von Einheiten mit länderspezifischen Kompetenzen bietet sich statt einer Erweiterung der zentralen Stelle eine Dezentralisierung an, also eine Verteilung des Einflusses auf mehrere Einheiten direkt vor Ort[332]. Der Grad einer Dezentralisierung ist von verschiedenen Determinanten abhängig.

Tabelle 23: Determinanten des Zentralisierungs-/ Dezentralisierungsgrades[333]

Marktbedingungen	Eine Dezentralisation wird notwenig, je größer das Marktpotenzial und je heterogener das Käuferverhalten in Bezug zu anderen Ländermärkten ist.
Marktstrategie	Eine Dezentralisation wird notwendig, je ausgeprägter die Kundenorientierung ist.
Kooperation	Eine Dezentralisation wird notwendig, je mehr Kooperationspartner in den einzelnen Ländermärkten involviert sind und je stärker deren Einfluss ist.
Produkt	Eine Zentralisation ist ausreichend, wenn die Leistungen für alle Ländermärkte standardisiert hergestellt werden können.
Unternehmenskultur	Eine Dezentralisation wird notwendig, je stärker eine polyzentrische Philosophie verfolgt wird.

Werden mehrere dezentrale Organisationseinheiten geschaffen, müssen diese innerhalb der gesamten Unternehmensstruktur organisiert werden. Die internationalen Organisationsstrukturen können auf Funktionen, Produktgruppen, Kundengruppen, der Geographie und kombinierten Ansätzen beruhen[334].

---

[331] Vgl. Geulen, T., 2001, Seite 102

[332] Vgl. Hünerberg, R., 1994, Seite 455

[333] Eigene Darstellung in Anlehnung an: Hünerberg, R., 1994, Seite 457

[334] Vgl. Albaum, G./ Strandskov, J./ Duerr, E., 2001, Seite 627

7.3.2 Angleichung der Unternehmensleistungen

Die Besonderheiten des chinesischen Marktes machen es erforderlich, dass KMU ihre Produkte an die lokalen Bedingungen anpassen[335]. Unterbleibt eine Anpassung kann kein hoher Identifikationsgrad zwischen der angebotenen Marktleistung und den Bedürfnissen der Zielgruppen erreicht werden. Dies kann sich negativ auf den Markterfolg auswirken.

Nicht nur eine niedrigere Kaufkraft muss bei der Frage nach einer Anpassung in Betracht gezogen werden sondern vor allem auch die kulturellen Bedürfnisse der Bevölkerung wie z.b. spezifische Essgewohnheiten oder die unterschiedliche Bedeutung von Formen, Farben und Symbolen. Besonders die Farben vermitteln durch ihre ästhetische und symbolische Dimension in jedem Kulturkreis unterschiedliche Empfindungen und müssen bei der Produktgestaltung und Verpackung angepasst werden. Während z.b. die Farbe „Weiß" in Deutschland mit Reinheit assoziiert wird, ist es in China die Farbe der Trauer[336].

Tabelle 24: Chinesische Farbwahrnehmung[337]

Farbe	Wahrnehmung	Farbe	Wahrnehmung
Grau	Konservativ, sanft, preiswert	Kastanien-Braun	Nobel, hochwertig, teuer
Blau	Unglück, Tod, gewöhnliche Qualität	Braun	Seriös, glaubwürdig, preiswert
Hellblau	Jung, hochwertig, friedlich	Schwarz	Kraftvoll, seriös, glaubwürdig
Rot	Glück, Fröhlichkeit, Liebe, Gunst	Weiß	Friedlich, Unglück, Tod
Gelb	Progressiv, aktiv, günstig	Grün	Jugendlich, aktiv, kraftvoll

Weitere Beispiele für lokale Besonderheiten der VR China, die eine Produktanpassung erforderlich machen, sind häufige Stromausfälle, die Enge der Wohnungen, unterschiedliche klimatische Bedingungen und eine im Vergleich zu Deutschen geringere Körpergröße.

Die Frage nach dem Grad der Anpassung hängt von vielen Faktoren des Produktes ab, wie z.B. von seiner Beschaffenheit, seiner Gestaltung und seinem Image[338]. Während die

---

[335] Vgl. Holtbrügge, D./ Puck, J., 2005, Seite 104

[336] Vgl. Hünerberg, R., 1994, Seite 165

[337] Eigene Darstellung in Anlehnung an: Holtbrügge, D./ Puck, J., 2005, Seite 105

[338] Vgl. Geulen, T., 2001, Seite 143

Grundfunktion eines Produktes in verschiedenen Ländern weitestgehend standardisiert bleiben kann, bezieht sich die Notwendigkeit zur Anpassung besonders auf die technischen, funktionalen, ästhetischen und symbolischen Produkteigenschaften, da diese in besonders hohem Ausmaß von den landestypischen Umwelteigenschaften abhängen [339]. Neben dem eigentlichen Produkt betrifft die Anpassung an lokale Bedingungen vor allem die Verpackung, da diese neben einer Kommunikationsfunktion zusätzlich eine Schutzfunktion erfüllen muss [340]. So muss z.B. die Qualität der Verpackung entsprechend den chinesischen Witterungs- und Lagerbedingungen ausgewählt werden, die teilweise erheblich von den deutschen Bedingungen abweichen[341]. Dabei ist zu beachten, dass die Ware auf dem Weg zum Verbraucher wegen der Größe des Landes verschiedene klimatische Zonen passieren kann.

7.4 Kooperationen

Die ausgewählten Segmente in ausländischen Märkten lassen sich vom Unternehmen nicht immer allein bearbeiten. Zahlreiche Motive führen zu kooperativen Internationalisierungsformen. Die Ressourcenknappheit von KMU kann z.B. dazu führen, dass der geplante Eintritt in einen ausländischen Markt mit den vorhandenen Ressourcen nicht erreicht werden kann[342]. Verfügt ein Unternehmen z.B. nicht über genügend Kapital zum Erwerb von Produktionshallen im Ausland, können diese vom Kooperationspartner eingebracht werden. Auch die Gewinnung von Wettbewerbsvorteilen ist ein Motiv zur Bildung einer Kooperation[343]. Wesentliche Wettbewerbsvorteile durch Kooperationen ergeben sich z.B. durch eine bessere Ausnutzung von Ressourcen und der Erlangung einer größeren Marktkenntnis. Schließlich ist in einigen Ländern der Markteintritt ohne Kooperation mit einem Partner aus dem Gastland nur begrenzt möglich, da dort gesetzlich die Beteiligung eines lokalen Partners erzwungen wird.

[339] Vgl. Meffert, H./ Bolz, J., 1998, Seite 161

[340] Vgl. Holtbrügge, D./ Puck, J., 2005, Seite 104

[341] Vgl. Geulen, T., 2001, Seite 143

[342] Vgl. Perlitz, M., 1997, Seite 444

[343] Vgl. Perlitz, M., 1997, Seite 443

Tabelle 25: Kooperationsmotive verschiedener Partner[344]

Motive eines deutschen Partners	Motive eines chinesischen Partners
Eintritt in den chinesischen Markt über das Beziehungsnetz des chinesischen Partners. Zugang zu örtlichen Absatz- und Beschaffungsmärkten	Qualitätsverbesserung
Produktion zu niedrigen Lohnkosten	Erschließung internationaler Märkte
Absicherung von Rohstoffquellen	Prestigegewinn
Erlangung von Marktkenntnissen	Kostenloser Transfer von Technologie und Know-how
Unterstützung bei Verhandlungen mit der chinesischen Bürokratie. Erlangung von staatlichen Lizenzen	Modernisierung veralteter Produktionslinien
Nutzung von Grundstücken und weiteren Potenzialen des Partners	Kapitaleinbringung

Unter einer Kooperation versteht man die Zusammenarbeit mehrerer Unternehmen, die auf einer gemeinsamen Zielsetzung aufbaut und bei der jedes Partnerunternehmen seine rechtliche Selbstständigkeit bewahrt[345]. Kooperationen können sich auf jedes Element der gesamten Wertschöpfungskette beziehen. Somit betreffen sie nicht nur die Internationalisierungsform durch Vertriebs- und Produktionskooperationen, sondern können auch im Vorfeld der Internationalisierung bei Forschung, Entwicklung oder der Beschaffung genutzt werden.

Kooperative Internationalisierungsformen[346] zeichnen sich dadurch aus, dass es sich zumindest für einen betroffenen Partner um eine grenzüberschreitende Zusammenarbeit handelt[347]. Bei der Kooperation kann es sich dabei einerseits um eine Zusammenarbeit von inländischen Unternehmen handeln, die gemeinsam auf einem ausländischen Markt agieren wollen. Andererseits kann es auch eine Zusammenarbeit mit einem ausländischen Partner sein.

Die Erfolgsvoraussetzung einer Kooperation ist die weitgehende Kompatibilität der Zielsetzungen aller beteiligten Partner[348]. Nur wenn die Partnerschaft für alle Beteiligten Vorteile bringt, ist deren langfristige Verbundenheit, deren Interesse an der

---

[344] Eigene Darstellung in Anlehnung an: Hünerberg, R., 1994, Seite 118

[345] Vgl. Perlitz, M., 1997, Seite 443

[346] Die möglichen Markteintrittsformen durch Bildung einer Kooperation werden in Kapitel 7.5 vorgestellt

[347] Vgl. Perlitz, M., 1997, Seite 443

[348] Vgl. Welge, M.K./ Holtbrügge, D., 2003, Seite 113

Aufrechterhaltung der Kooperation und deren Bereitschaft zur Einbringung der erforderlichen Ressourcen gewährleistet. Aus diesem Grund müssen die Motive der Kooperationspartner geprüft werden. Vergleicht man die Motive der Kooperationspartner mit den eigenen Motiven, kann daraus eine strategische Übereinstimmung ermittelt werden.

Neben den Vorteilen einer Kooperation gibt es allerdings auch eine Reihe von Nachteilen, deren Bedeutung für jedes Unternehmen unterschiedliche Relevanz besitzt.

Tabelle 26: Vor- und Nachteile einer Kooperation[349]

Vorteile	Nachteile
Schneller Markteintritt	Eingeschränkte Selbständigkeit
Zugang zu Ressourcen, Potenzialen und Fähigkeiten	Hohe Koordinationskosten
Überwindung von Markteintrittsbarrieren	Teilung von Markterfolgen
Akzeptanz auf ausländischen Märkten	Gefahr von Know-how Abfluss
Kosten-, Risikoteilung	Aufbau potenzieller Wettbewerber

7.4.1 Suche nach potenziellen Kooperationspartnern

Kooperationspartner lassen sich auf verschiedenen Wegen finden. Kooperationswünsche von deutschen Unternehmen finden KMU bei deutschen Kammern, Instituten, Regierungsämtern und Banken. Kooperationswünsche von chinesischen Unternehmen werden zentral von den staatlichen chinesischen Stellen verwaltet, publiziert und an deutsche Institutionen wie die Bundesstelle für Außenhandelsinformationen weitergegeben[350]. Viel versprechend ist auch die Partnersuche auf Vermittlung der Handelsabteilungen der Botschaften bzw. durch andere europäische oder deutsche Kontaktstellen vor Ort, z.B. das Delegiertenbüro der Deutschen Wirtschaft oder das German Center in Shanghai bzw. in Beijing[351].

Messen sind ebenfalls ein geeigneter Ort, um potenzielle Kooperationspartner zu finden. Orte und Termine aller chinesischen Messen werden vom „China Council for the Promotion of International Trade" bekannt gegeben[352]. Große chinesische Messezentren

---

[349] Eigene Darstellung in Anlehnung an: Hünerberg, R., 1994, Seite 118

[350] Vgl. Reisach, U./ Tauber, T./ Yuan, X., 2003, Seite179

[351] Die Adressen aller relevanten Stellen befinden sich in Anhang 2

[352] Vgl. Reisach, U./ Tauber, T./ Yuan, X., 2003, Seite181

befinden sich in Shanghai, Beijing und Guangzhou[353]. Allerdings haben sich insgesamt noch keine Leitmessen herausgebildet, denn in den letzten Jahren sind auch in vielen anderen Städten internationale Messezentren entstanden.

Messen bieten den Vorteil, dass sich neben potenziellen Kooperationspartnern auch Kontakte zu potenziellen Kunden, Lieferanten und Regierungsstellen ohne zusätzlichen Aufwand knüpfen lassen[354]. Eine erste Messeteilnahme kann sowohl der Suche nach Absatzmittlern und Lieferanten dienen als auch der Geschäftsanbahnung und der Adressensammlung von möglichen Kunden. Die Beteiligung kann auf einer ausländischen Messe und auch auf einer deutschen Messe erfolgen. Bei einer Beteiligung auf einer Messe im Gastland lassen sich allerdings die meisten Kontakte knüpfen, da das Unternehmen unmittelbar bei der Zielgruppe präsent ist[355].

Wie auch das Produkt und die Verpackung müssen auch der Messeauftritt und die Präsentation des Unternehmens dem kulturellen Umfeld angepasst werden, denn die potenziellen „Key Clients" halten sich nicht selbstverständlich an den Messeständen des KMU auf[356]. Da die Unternehmen mit Englisch schätzungsweise nicht mehr als 10% der chinesischen Besucher erreichen, müssen technische Dokumentationen und Präsentationen in der Landessprache angefertigt werden[357].

7.4.2 Auswahl der Kooperationspartner

Bei der Auswahl von Kooperationspartnern ist es unerlässlich, sich über deren Stärken und Schwächen sowie über den geschäftlichen, kulturellen und gesellschaftlichen Hintergrund gründlich zu informieren[358]. Um umfassende Kenntnisse über die Eignung des potenziellen Partners zu erlangen, müssen neben „hard facts" wie technische und wirtschaftliche Leistungsfähigkeit auch „soft facts" wie Marktkenntnisse und Beziehungen zu Kunden, Lieferanten und Behörden geprüft werden[359]. Besonders die „soft facts" besitzen in China eine große Bedeutung für den Geschäftserfolg und sollten deshalb gleichwertig zu den „hard facts" in die Prüfung des potenziellen Partnerunternehmens eingehen.

---

[353] Vgl. o.V. (g), 2002, Seite 5

[354] Vgl. Gebhardt, C., 2000, Seite 90

[355] Vgl. Dietz, K., 2001, Seite 166

[356] Vgl. o.V. (g) 2002, Seite 5

[357] Vgl. o.V. (g) 2002, Seite 5

[358] Vgl. Chung, T., 2000, Seite 48

[359] Vgl. Reisach, U./ Tauber, T./ Yuan, X., 2003, Seite196

Die Auswahl potenzieller Kooperationspartner kann mit Hilfe eines Scoring-Modells systematisiert werden. Ausgangspunkt ist dabei das Stärken- und Schwächenprofil des potenziellen Partners, das vorab ermittelt werden muss. Die folgende Abbildung zeigt beispielhaft die Anwendung des Scoring-Modells für die Auswahl eines Kooperationspartners. Bei diesem Beispiel wird angenommen, dass für die angestrebte Kooperation die Produkttechnologie, die Verfahrenstechnologie, das Markt-Know-how und die finanziellen Ressourcen die ausschlaggebenden Erfolgsfaktoren sind. Anhand dieser Erfolgsfaktoren werden mehrere potenzielle Kooperationspartner miteinander verglichen und derjenige ausgewählt, der im Vergleich zum eigenen Unternehmen die größten Vorteile besitzt.

Abbildung 22: Anwendung des Scoring-Modells zur Auswahl eines Partners[360]

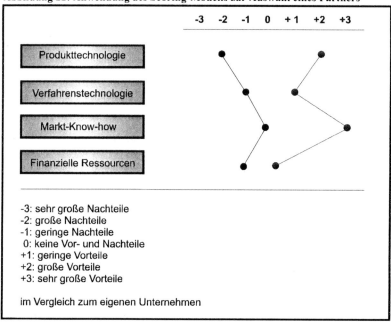

Jeder potenzielle Partner muss genau geprüft werden, um einer Täuschung zu entgehen. In China gab es in der Vergangenheit einige Probleme mit Partnern, die Hintergründe ihrer Verbindlichkeiten verschwiegen, getarnt oder Bilanzen auf andere Art einer Kontrolle entzogen haben, um ausländische Partner an sich zu binden[361].

---

[360] Eigene Darstellung in Anlehnung an: Perlitz, M., 1997, Seite 452

[361] Vgl. Himmelmann, H./ Hungerbach, J., 2005, Seite 157

7.5 Markteintrittsformen

Nach Bestimmung der Zielmärkte und Zielsegmente muss die Form des Markteintritts festgelegt werden. Die Markteintrittsform ist dabei abhängig von den Unternehmensressourcen, Unternehmenszielen, der Risikobereitschaft der Unternehmensführung und dem Vorhandensein von Kooperationspartnern [362]. Lassen sich zum Beispiel für die Bearbeitung eines Landes keine Kooperationspartner gewinnen, kann ein KMU nicht durch eine kooperative Markteintrittsform in den Markt eintreten. Daneben sind KMU bei der Wahl einer Eintrittsform auch an gesetzliche Bestimmungen des Ziellandes gebunden. Durch gesetzliche Bestimmungen können z.b. die Gründung einer Tochtergesellschaft oder die Mehrheitsbeteiligung in einem Gemeinschaftsunternehmen verboten sein, wodurch diese Eintrittsformen als Alternativen entfallen. In China unterliegen ausländische Unternehmen den „Provisions on Directing Foreign Investment", die 2002 in Kraft getreten sind[363]. Zusammen mit dem gleichzeitig erschienenen „Catalogue for Directing Foreign Investments" legen sie die grundlegenden Prinzipien der Investitionssteuerung in China fest.

Ausländische Investitionen werden hiernach in unterschiedliche Kategorien eingeteilt:

- Im **verbotenen Wirtschaftsbereich** dürfen sich ausländische Unternehmen gar nicht betätigen, auch nicht als Minderheitsbeteiligung in einem Gemeinschaftsunternehmen. Zum verbotenen Bereich gehören insbesondere öffentlichkeitswirksame Bereiche wie Presse oder Rundfunk.
- In **beschränkt erlaubten Bereichen** besteht die Beschränkung vor allem in Zulassungsquoten oder im Zwang zur Gründung von Gemeinschaftsunternehmen mit chinesischen Partnern.
- Zu den **geförderten Bereichen** zählen diejenigen, in denen die chinesische Regierung noch besonderen Nachholbedarf wahrnimmt.
- Investitionsprojekte, die nicht in den drei voran genannten Bereichen aufgeführt werden, gelten als **erlaubt**[364].

Zur Erschließung ausländischer Zielmärkte steht einem KMU eine Vielzahl alternativer Eintrittsformen zur Verfügung. Bei der Wahl der Markteintrittsform handelt es sich nicht um ein statisches Entscheidungsproblem, denn typischerweise ändert sich die Eintrittsform mit Zunahme der Auslandserfahrung [365]. Zur Systematisierung der alternativen Eintrittsformen können verschiedene Kriterien herangezogen werden, z.B.

---

[362] Vgl. Bruns, J., 2003, Seite 125

[363] Vgl. Holtbrügge, D./ Puck, J., 2005, Seite 66

[364] Vgl. Holtbrügge, D./ Puck, J., 2005, Seite 66

[365] Vgl. Backhaus, K./ Büschken, J./ Voeth, M., 2003, Seite 183

der Grad des Kapitaltransfers in das Ausland oder das mit der Höhe der notwendigen Ressourcen einhergehende Risiko.

Abbildung 23: Markteintrittsformen[366]

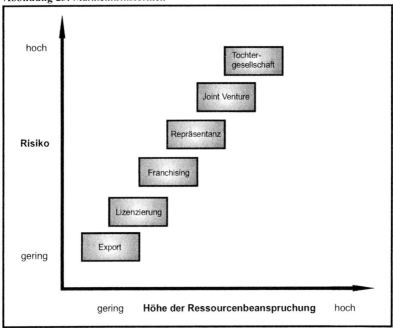

Für KMU bietet sich ein Markteintritt in kleinen Schritten an, um die hohen Kosten und das Risiko in der Anfangsphase zu mindern. Durch Exporte kann der Markt zunächst für das eigene Produkt getestet werden. Steigt der Absatz oder das Marktvolumen, kann durch Dritte oder eine Repräsentanz ein Vertriebsnetz aufgebaut werden. Die intensivste Marktbearbeitung erfolgt schließlich durch ein Joint Venture oder dem Aufbau einer Tochtergesellschaft.

7.5.1 Exportgeschäft

Exportierende Unternehmen stellen ihre Leistungen im Heimatland her und verkaufen sie im Ausland[367]. Dabei wird zwischen direktem und indirektem Export unterschieden. Beim direkten Export erfolgt der Abverkauf der Leistungen in Eigenregie an Geschäftspartner im Ausland. Der indirekte Export ist dadurch gekennzeichnet, dass

---

[366] Eigene Darstellung in Anlehnung an: Perlitz, M., 2004, Seite 186

[367] Vgl. Niehoff, W./ Reitz, G., 2001, Seite 52

KMU die zu exportierenden Leistungen an Firmen im Heimatland verkaufen, die sich um den eigentlichen Export kümmern[368]. Der indirekte Export kann insbesondere KMU mit geringer Auslandserfahrung empfohlen werden, da die eigentliche Geschäftsabwicklung ein Inlandsgeschäft darstellt und einfach und kostengünstig vollzogen werden kann. Dadurch bietet sich ein Einsatz des Exports immer dann an, wenn ein Unternehmen nur sehr begrenzte Ressourcen für den Auslandseinsatz bereitstellen will oder kann[369].

Tabelle 27: Vor- und Nachteile des Exports[370]

Vorteile	Nachteile
Nur geringe Investitionen erforderlich, sofortige Umsatzerzielung möglich	Kein Aufbau eines eigenen Firmenimages im Auslandsmarkt möglich
Kapazitätsauslastung, langfristige Economies of Scale	Keine Ausnutzung von möglicherweise niedrigeren Lohnkosten im Ausland
Nur kurze Vorbereitungszeit notwendig	Transportkosten, Handelsbeschränkungen, Zölle
Geringes Risiko, da keine dauerhafte Bindung notwendig	Informationsdefizite durch geographische Distanz, fehlende Kundennähe

Ein reiner Export ausländischer Erzeugnisse nach China scheiterte in der Vergangenheit häufig an hohen Zöllen und langwierigen Prüf- und Genehmigungsverfahren[371]. Im Zuge des WTO-Beitritts wurden in den letzten Jahren die Handelsbeschränkungen allerdings gelockert und Exporte können für die meisten Unternehmen als Markteintrittsalternative gewählt werden.

7.5.2 Lizenzierung und Franchising

Durch Lizenzierung oder Franchising wird der Markteintritt durch Dritte vorgenommen. Die Vergabe einer Lizenz an Dritte stellt die Übertragung eines zumeist zeitlich begrenzten Nutzungsrechts gewerblicher Schutzrechte gegen Entgelt dar[372]. Beim Franchising wird das Recht übertragen, bestimmte Leistungen unter Verwendung von

---

[368] Vgl. Niehoff, W./ Reitz, G., 2001, Seite 52

[369] Vgl. Keegan, W.J./ Schlegelmilch, B.B./ Stöttinger, B., 2002, Seite 288

[370] Eigene Darstellung in Anlehnung an: Keegan, W.J./ Schlegelmilch, B.B./ Stöttinger, B., 2002, Seite 288; Hill, C.L.W., 2005, Seite 487; Bruns, J., 2003, Seite 96; Berndt, R./ Altobelli, C.F./ Sander, M., 2003, Seite 134; Himmelmann, H./ Hungerbach, J., 2005, Seite 181; Apfelthaler, G., 1999, Seite 51

[371] Vgl. Reisach, U./ Tauber, T./ Yuan, X., 2003, Seite157

[372] Vgl. Welge, M.K./ Holtbrügge, D., 2003, Seite 100

Marke und Name unter Beachtung eines entwickelten Konzeptes in einem abgegrenzten Gebiet abzusetzen[373].

Tabelle 28: Vor- und Nachteile von Lizenzierung und Franchising[374]

Vorteile	Nachteile
Gesicherter Ertrag	Hoher Kontrollaufwand
Geringes Risiko	Gefahr eines negativen Imagetransfers
Marktnähe des Partners	Aufbau potenzieller Konkurrenten
Umgehung von Handelshemmnissen	Know-how Abfluss
Kostengünstige Markterschließung	Komplexe Vertragsverhandlungen
Geringer Ressourcenbedarf	Gefahr des Missbrauchs

7.5.3 Repräsentanz

Eine Repräsentanz ist eine ständige Vertretung eines Unternehmens in einem ausländischen Markt und wird häufig als Verbindung des Unternehmens zu den Kunden vor Ort errichtet[375]. Außerdem kann durch die Errichtung einer Repräsentanz eine funktionierende Infrastruktur für die weitere Marktbearbeitung aufgebaut werden. Ein Repräsentanzbüro bietet ausländischen Unternehmen in China allerdings nur begrenzten Handlungsspielraum, denn es darf nur zur Repräsentation genutzt werden, d.h. um Kundenkontakte aufzubauen bzw. zur Marktbeobachtung[376]. Verkäufe dürfen nicht getätigt werden.

7.5.4 Joint Venture

Bei einem Joint Venture handelt es sich, wie auch bei der Gründung einer Tochtergesellschaft, um eine Direktinvestition. Direktinvestitionen sind dadurch gekennzeichnet, dass der Wertschöpfungsschwerpunkt im Ausland liegt und dorthin ein beträchtlicher Teil an Ressourcen transferiert wird[377]. Joint Ventures sind Gemeinschaftsunternehmen, die von einem oder mehreren ausländischen Unternehmen sowie einem oder mehreren

---

[373] Vgl. Welge, M.K./ Holtbrügge, D., 2003, Seite 101

[374] Eigene Darstellung in Anlehnung an: Welge, M.K./ Holtbrügge, D., 2003, Seite 100; Bruns, J., 2003, Seite 98; Apfelthaler, G., 1999, Seite 59

[375] Vgl. Holtbrügge, D./ Puck, J., 2005, Seite 68

[376] Vgl. Himmelmann, H./ Hungerbach, J., 2005, Seite 163

[377] Vgl. Berndt, R./ Altobelli, C.F./ Sander, M., 2003, Seite 140

chinesischen Partnern gegründet werden[378]. Jeder Kooperationspartner bringt Einlagen in das Joint Venture ein, wobei der westliche Partner meist Kapital, Maschinen und Know-how einbringt, während der chinesische Partner das Fabrikgelände, die Gebäude und das Personal zur Verfügung stellt[379].

Joint Ventures stellen aus chinesischer Sicht unter wirtschaftspolitischen Gesichtspunkten die beste Form von Investitionen ausländischer Unternehmen dar, weil der zu erwartende Technologie- und Know-how Transfer bei dieser Form am größten ist. Außerdem übernehmen oftmals die ausländischen Unternehmen die Altlasten der chinesischen (Staats-) unternehmen. Aus diesem Grund förderte und forderte die chinesische Regierung in vielen Industriebereichen die Gründung von Joint Ventures. Dies führte dazu, dass diese Markteintrittsform in der Vergangenheit am häufigsten angewendet wurde, aber seit der Marktöffnung an Bedeutung verliert. Für China bringt die Investition vor Ort Technologie, qualifizierte Arbeitsplätze und Kaufkraftzuwächse für die Bevölkerung. Deutsche Unternehmen können vor Ort maßgeschneiderte Produkte für den chinesischen Markt entwickeln und Kostenvorteile nutzen.

Das chinesische Recht sieht zwei mögliche Formen eines Joint Venture vor, nämlich das „Equity Joint Venture" und das „Contractual Joint Venture"[380]. Beide Gesellschaftsformen sind juristische Personen und werden in der Regel als Gesellschaften mit beschränkter Haftung, vergleichbar mit der deutschen GmbH, gegründet[381]. Das Contractual Joint Venture gleicht dem Equity Joint Venture, ist allerdings in vielen Bereichen der Vertragsgestaltung flexibler und oft nur einem bestimmten Geschäftsziel unterworfen. Der wesentliche Unterschied ist, dass bei einem Equity Joint Venture die Gewinn- und Verlustverteilung zwingend gemäß der Anteile der Partner am Stammkapital erfolgen muss, während die Verteilung beim Contractual Joint Venture frei vereinbart werden kann[382].

---

[378] Vgl. Himmelmann, H./ Hungerbach, J., 2005, Seite 163

[379] Vgl. Reisach, U./ Tauber, T./ Yuan, X., 2003, Seite 165

[380] Vgl. Himmelmann, H./ Hungerbach, J., 2005, Seite 164

[381] Vgl. Himmelmann, H./ Hungerbach, J., 2005, Seite 164

[382] Vgl. Himmelmann, H./ Hungerbach, J., 2005, Seite 164

Tabelle 29: Vor- und Nachteile eines Joint Venture[383]

Vorteile	Nachteile
Kontakt- und Vertriebsnetz des chinesischen Partners kann genutzt werden	Teilung des Gewinns
Risikominimierung durch Verteilung der Risikolast auf die beteiligten Partner	Gefahr des Know-how Abflusses
Rascher und kostengünstiger Transfer von lokalem Marktwissen	Koordinationsprobleme und geringere Steuerungsmöglichkeiten
Zugang zum chinesischen Arbeitsmarkt, zu den lokalen Behörden und zu Rohstoffquellen über den chinesischen Partner	Nicht in allen Bereichen gestattet
Joint Venture wird als einheimisches Unternehmen wahrgenommen	Aufwendige Verhandlungen beim Gründungsprozess
Überwindung von Handelshemmnissen	Interessenkonflikte und Schwierigkeiten bei der Konsensfindung
Überwindung von Kapazitätsengpässen im Heimatland	Übernahme von bestehenden Altlasten
Nutzung von Kostenvorteilen	Interkulturelle Probleme bei Führungsentscheidungen und Probleme beim Aufbau einer gemeinsamen Corporate Identity

Je nach Beteiligungsverhältnis kann ein Gemeinschaftsunternehmen als Majoritäts-, Paritäts- oder Minoritäts- Joint Venture geführt werden. Grundsätzlich sollten sich KMU, wenn gesetzlich möglich, mit mehr als 50% am Partnerunternehmen im Ausland beteiligen, da sie so die Kontrolle über die gemeinsame Firma behalten und die Geschäftspolitik im Wesentlichen bestimmen können[384].

Wegen der hohen Anzahl von Joint Ventures in der VR China wird im Folgenden auf den Gründungsprozess näher eingegangen.

---

[383] Eigene Darstellung in Anlehnung an: Reisach, U./ Tauber, T./ Yuan, X., 2003, Seite 164; Apfelthaler, G., 1999, Seite 90; Haas, H.D./ Rehner, J., 2003, Seite 63

[384] Vgl. Niehoff, W./ Reitz, G./ 2001, Seite 58

Abbildung 24: Methodik zur Gründung eines Joint Venture[385]

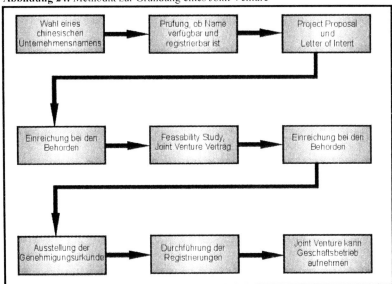

Der erste methodische Schritt der Kooperationspartner zur Gründung eines Joint Venture stellt die Suche nach einem geeigneten Namen und Standort für das geplante Gemeinschaftsunternehmen dar. Um einen Namen zu finden, der positive Emotionen bei chinesischen Konsumenten auslöst, sollte auf das Know-how des chinesischen Partners zurückgegriffen werden. Üblicherweise werden drei bis vier Alternativen ausgearbeitet, die dann bei den zuständigen Genehmigungsbehörden zur Prüfung eingereicht werden[386]. Nach der Prüfung wird von den Behörden eine Vorgenehmigung für den Namen erteilt und sechs Monate geschützt.

Danach muss ein „Letter of Intent" und ein „Project Proposal" in chinesischer Sprache angefertigt werden. Der „Letter of Intent" stellt eine Absichtserklärung dar, die die wesentlichen Ziele der beiden Partner sowie den groben Rahmen der geplanten Zusammenarbeit beschreibt[387]. Im „Project Proposal" muss die notwendige Infrastruktur für das Projekt beschrieben sowie Informationen bezüglich Produktionsausrüstungen, Arbeitskräfte, etc. bereitgestellt werden[388].

---

[385] Eigene Darstellung in Anlehnung an: Himmelmann, H./ Hungerbach, J., 2005, Seite 170

[386] Vgl. Himmelmann, H./ Hungerbach, J., 2005, Seite 165

[387] Vgl. Himmelmann, H./ Hungerbach, J., 2005, Seite 167

[388] Vgl. Himmelmann, H./ Hungerbach, J., 2005, Seite 167

Nach der Einreichung beider Dokumente erfolgt die Ausarbeitung einer „Feasability Study" und die Verhandlung eines Joint Venture Vertrages zwischen den beteiligten Partnern. Die Durchführbarkeitsstudie beinhaltet eine umfassende Beschreibung des geplanten Projektes[389]. Diese muss z.b. eine Beschreibung der geplanten Produkte, der geplanten Zielgruppen und eine Umsatzschätzung beinhalten, sowie die notwendige Infrastruktur, Produktionsausrüstungen und Arbeitskräfte aufzeigen. Die Formulierung und Verhandlung des Joint Venture-Vertrages ist die weitest reichende Phase des Gründungsprozesses, denn dieser ist langfristig bindend und nach Unterzeichnung und Genehmigung nur schwer zu ändern. Daher ist es wichtig, dass alle Details zwischen den beteiligten Partnern gründlich diskutiert und das Gewollte in eindeutiger Sprache niedergeschrieben wird [390]. Um der Gefahr des ungewollten Abflusses eigener Technologie entgegenzuwirken müssen Regelungen zu Markenzeichen, Patenten und der Know-how-Übertragung enthalten sein.

Nach der Prüfung aller Dokumente durch die Behörden wird eine Genehmigung erteilt sowie eine Genehmigungsurkunde ausgestellt. Danach können die notwendigen Eintragungen vorgenommen werden[391]. Folgende Eintragungen bzw. Anmeldungen bei chinesischen Institutionen müssen vorgenommen werden:

- Anmeldung beim „Industry and Commercial Administration Bureau",
- Anmeldung beim Steueramt,
- Anmeldung beim Arbeitsamt,
- RMB-Registrierung durch Eröffnung eines RMB-Kontos,
- Identifizierungsurkunde des Unternehmens und Anfertigung verschiedener Siegel und Stempel,
- Veröffentlichung der Unternehmensgründung in der Zeitung.

7.5.5 Gründung einer Tochtergesellschaft

Mit der Gründung einer Auslandsniederlassung unternimmt ein Unternehmen in eigener Regie, ohne die Hilfe ausländischer Partner in Anspruch nehmen zu müssen, den Schritt in eine fremde Wirtschaftsumgebung [392]. Bei dieser Markteintrittsvariante sind der Ressourcenbedarf und das Risiko am größten. Dafür bietet aber die Gründung einer Tochtergesellschaft im Vergleich zu den anderen Alternativen den größten Schutz des eigenen Know-how und verhindert Steuerungs- und Kontrollzugriffe chinesischer

---

[389] Vgl. Himmelmann, H./ Hungerbach, J., 2005, Seite 168

[390] Vgl. Himmelmann, H./ Hungerbach, J., 2005, Seite 168

[391] Vgl. Himmelmann, H./ Hungerbach, J., 2005, Seite 169

[392] Vgl. Niehoff, W./ Reitz, G., 2001, Seite 61

Unternehmen. Besonders wegen der Gefahr des ungewollten Know-how Abflusses und der Schwierigkeiten, die sich mit einem Partner in einem Joint Venture ergeben können, wächst seit den gesetzlichen Lockerungen der chinesischen Regierung die Zahl der Unternehmen, die zu 100% in ausländischem Besitz sind. Bei vielen Mittelständlern ist heute nicht mehr das Joint Venture die erste Wahl[393]. Wer kann gründet ein eigenes Tochterunternehmen, so genannte „Wholly Foreign-owned Enterprises", um sich nicht die Kontrolle über das eigene Produkt und das eigene Fachwissen aus der Hand nehmen zu lassen und die alleinige Entscheidungsgewalt zu behalten.

Entsprechend den verlagerten Wertaktivitäten in das Ausland können die Tochtergesell-schaften in Forschungs- & Entwicklungs-, Produktions-, Beschaffungs- und Vertriebsniederlassungen unterschieden werden sowie in Niederlassungen, die mehrere Wertaktivitäten umfassen[394].

Der Gründungsprozess einer 100%igen Tochtergesellschaft entspricht weitestgehend der Gründung eines Joint Venture. Einzige Unterschiede sind dass kein „Letter of Intent" und kein Joint Venture Vertrag erstellt werden müssen.

Tabelle 30: Vor- und Nachteile einer Tochtergesellschaft[395]

Vorteile	Nachteile
Alleinbestimmung der strategisch-operativen Maßnahmen	Kein Zugriff auf bestehende Infrastruktur, Personal, Kontakte
Optimale Bedienung der Kunden vor Ort	Hohe und langfristige Kapitalbindung
Nutzung von Produktionskostenvorteilen	Hoher Koordinationsbedarf
Plattform für die Bedienung umliegender asiatischer Länder	Verbot dieser Eintrittsform in einigen Wirtschaftsbereichen
Keine Teilung des Profits	Keine Risikoteilung
Einheitliche Corporate Identity	Neuaufbau von Beziehungen
Überwindung von Handelshindernissen	
Schutz vor Know-how Abfluss	
Standortwahl kann vollkommen nach markt- und betriebswirtschaftlichen Überlegungen getroffen werden	

---

[393] Vgl. o.V.(i), 2004, Seite 56

[394] Vgl. Holtbrügge, D./ Puck, J., 2005, Seite 70

[395] Eigene Darstellung in Anlehnung an: Himmelmann, H./ Hungerbach, J., 2005, Seite 174; Apfelthaler, G., 1999, Seite 102

7.6 Standortwahl

Nach der Wahl einer Markteintrittsform muss eine Standortwahl unter Berücksichtigung der natürlichen und kulturspezifischen Umfeldbedingungen erfolgen [396]. Die Standortwahl stellt für ein Unternehmen eine der bedeutendsten Entscheidungen dar, denn diese erfordert einen erheblichen Ressourceneinsatz und lässt sich später nur schwer und unter großen Kosten revidieren[397].

Frei in der Standortwahl ist man nur, wenn man eine Repräsentanz oder eine 100%ige Tochtergesellschaft gründet. Bei einem Joint Venture kann sich die Standortwahl erübrigen, denn der Standort ist hier meistens aufgrund der getroffenen Partnerwahl bereits vorgegeben. Stehen mehrere mögliche Partner zur Verfügung, sollte die Standortwahl bei der Entscheidung für einen Partner mitberücksichtigt werden. Standortentscheidungen sollten generell nach wirtschaftlichen Kriterien getroffen werden, wie z.B. die Nähe zu Kunden und Zulieferern, gute Infrastrukturanbindungen und vorhandenes Mitarbeiterpotenzial[398].

Die Kriterien, die zur Auswahl eines geeigneten Standortes herangezogen werden, bestimmen sich nach den Internationalisierungsmotiven und der Branche. Zum Beispiel verlangt die Produktion von komplexen und technologisch anspruchsvollen Produkten die Verfügbarkeit von geeigneten Mitarbeitern am Standort, während bei der Massenproduktion von Artikeln des täglichen Bedarfs die Ansprüche an das Potenzial des lokalen Mitarbeiterpools geringer ausfallen kann. Unternehmen, die Produkte im Hochpreissegment anbieten wollen, sind auf Standorte in den kaufkraftstarken Küstenregionen festgelegt[399].

Die folgende Tabelle zeigt einige Kriterien, die für die Auswahl eines geeigneten Standortes herangezogen werden können:

---

[396] Vgl. Dülfer, E., 2001, Seite 142

[397] Vgl. Oppenländer, K.H., 1997, Seite 211

[398] Vgl. Himmelmann, H./ Hungerbach, J., 2005, Seite 178

[399] Vgl. Zinzius, B., 2000, Seite 74

Tabelle 31: Standortfaktoren[400]

Standortkriterien
Standort und Beziehungsgeflecht eines potenziellen chinesischen Partners, z.B. zu Kunden, Lieferanten und Behörden
Größe und Attraktivität des lokalen Marktes
Verfügbarkeit und Kosten von qualifizierten Arbeitskräften
Lokale und regionale Investitionsanreize
Örtliche Infrastruktur und Anbindung an überregionale Netze
Industrialisierungsgrad und Fortschrittsbemühungen der Region
Entgegenkommen bzw. Flexibilität der lokalen Behörden
Lebens- und Umweltqualität
Steuerpolitik
Konkurrenzstandorte
Errichtungs- und Betriebskosten
Finanzierungsmöglichkeiten
Image der Region
Rohstoff- und Zulieferersituation
Kundennähe

Wird ein ausländisches Management für erforderlich gehalten, sollte bei der Standortwahl ebenfalls darauf geachtet werden, inwieweit für Ausländer ein internationaler Standard an Wohnungsangebot, Einkaufsmöglichkeiten, Schulen, Freizeitaktivitäten, etc. geboten wird. Für alle anderen Standorte wird es mühsamer oder teurer werden, Mitarbeiter zu begeistern. Um einen vorteilhaften Standort zu finden, sollten stets mehrere potenzielle Standorte anhand der vorgestellten Kriterien beurteilt und miteinander verglichen werden[401]. Als methodische Instrumente können hierzu die in Kapitel 4 vorgestellten Verfahren angewendet werden.

Die bevorzugten Standorte deutscher Unternehmen in China befinden sich in den Küstenprovinzen, zum Beispiel rund um die Region Shanghai[402]. Vorteile der Standorte an der Küste sind auf der einen Seite die gut ausgebaute Infrastruktur, auf der anderen Seite der überdurchschnittlich hohe Bildungsstand und das höhere Pro-Kopf-

---

[400] Eigene Darstellung in Anlehnung an: Reisach, U./ Tauber, T./ Yuan, X., 2003, Seite 117; Hünerberg, R., 1994, Seite 328; Zinzius, B., 2000, Seite 77

[401] Vgl. Zinzius, B., 2000, Seite 78

[402] Vgl. Lieberthal, K./ Lieberthal, G., 2005, Seite 17

Einkommen[403]. Obgleich die Küstenprovinzen die wirtschaftliche Dynamik Chinas bestimmen, bieten die Küstenregionen nicht nur Standortvorteile. Der Wohnungsmangel, die Überlastung der Infrastruktur und die Verminderung der Lebensqualität durch die hohe Luft- und Wasserverschmutzung sind Nachteile, die bei einer Entscheidung für einen zukünftigen Produktionsstandort in den Küstenregionen in Kauf genommen werden müssen[404].

7.7 Finanzierung des Auslandengagements

Grundsätzlich kann zur Finanzierung einer Internationalisierung zwischen den Alternativen der Innen- und Außenfinanzierung gewählt werden. Für die Durchführung eines internationalen Engagements werden allerdings finanzielle Mittel benötigt, die die Kapazitäten von KMU im Rahmen einer Innenfinanzierung oftmals übersteigen und eine Außenfinanzierung durch unterschiedliche Quellen notwendig machen[405]. Neben herkömmlichen Bankkrediten können dazu z.b. Fazilitäten von Spezialinstituten sowie nationale und internationale Mittel der Entwicklungshilfe genutzt werden. Im Rahmen dieses Buches wird exemplarisch auf einige ausgewählte Finanzierungs- und Förderungsmaßnahmen eingegangen, die speziell bei einem internationalen Engagement genutzt werden können. Die Innenfinanzierung und die Beschaffung von Fremdkapital über Kredite der Hausbank werden bewusst ausgeklammert, da diese Arten der Finanzierung den Unternehmen bereits durch das Inlandsgeschäft ausreichend bekannt sind.

7.7.1 Ermittlung des Kapitalbedarfs

Um die Höhe des benötigten Kapitals für eine Internationalisierung überhaupt bestimmen zu können, müssen die entstehenden Kosten abgeschätzt werden. In Verbindung mit der internen Ressourcenanalyse können durch Kostenprognosen mögliche finanzielle Lücken aufgedeckt werden. Diese finanziellen Lücken müssen im Rahmen der Finanzierung durch eine möglichst günstige Beschaffung von Kapital geschlossen werden. Zur Abschätzung der benötigten finanziellen Mittel wird ein tabellarischer Finanzplan aufgestellt, aus dem Unterdeckungen oder Überdeckungen prognostiziert werden können[406].

---

[403] Vgl. o.V. (h), 2002, Seite 6

[404] Vgl. o.V. (h), 2002, Seite 6

[405] Vgl. Grafers, H.W., 1999, Seite 263

[406] Vgl. Olfert, K./ Reichel, C., 1999, Seite 211

Tabelle 32: Vereinfachtes Schema eines Finanzplans[407]

Finanzplan	Planungsperiode		
	X	Y	Z
Anfangsbestand Zahlungsmittel			
+ Einnahmen			
= Verfügbare Mittel			
Benötigte Mittel			
Verfügbare Mitte - Benötigte Mittel			
= Überschuss/ Fehlbetrag			

Die Höhe der tatsächlich entstehenden Kosten einer Internationalisierung und die Höhe der damit notwendigen Finanzmittel ist von der Art des Auslandsengagements abhängig[408]. Während ein reines Außenhandelsgeschäft vergleichsweise geringe finanzielle Mittel erfordert, sind der Aufbau und die Führung einer Produktionsniederlassung im Ausland mit Kosten in weit größeren Dimensionen verbunden. Wegen dieser Verknüpfung sollte die Finanzplanung zeitnah zur Zielplanung erfolgen.

Zusätzliche Kosten ergeben sich z.B. aus den folgenden Positionen:

- Informations- und Beratungskosten,
- Reisekosten,
- Personalkosten,
- Geschäftsgründungskosten bei bestimmten Markterschließungsstrategien wie einer Beteiligung an einem Joint Venture,
- Nebenkosten wie Kosten der Kommunikation, Zölle und Gebühren, Kosten des Geldverkehrs, Versicherungskosten[409].

7.7.2 Möglichkeiten zur Außenhandelsfinanzierung

Ein Instrument der kurzfristigen Finanzierung von Außenhandelsgeschäften ist das „Factoring", also der Verkauf von kurzfristigen Forderungen aus Exporttätigkeiten an einen Dritten[410]. Der so genannte „Factor" kauft die kurzfristigen Exportforderungen vom Exporteur am Tag der Rechnungsstellung und stellt diesem 70-90% des

---

[407] Eigene Darstellung in Anlehnung an: Olfert, K./ Reichel, C., 1999, Seite 211

[408] Vgl. Geulen, T., 2001, Seite 116

[409] Vgl. Geulen, T., 2001, Seite 118-126

[410] Vgl. Niehoff, W./ Reitz, G., 2001, Seite 193

Fälligkeitsbetrags sofort zur Verfügung[411]. Die Restsumme wird, abzüglich eines Honorars, vom Factor auf ein Sperrkonto überwiesen und dem Exporteur nach Begleichung der Summe durch den Importeur zur Verfügung gestellt[412]. Für das exportierende Unternehmen ergibt sich der Vorteil, dass bereits am Tag der Fakturierung ein Großteil der ausstehenden Forderungen zur Verfügung steht und verwendet werden kann.

Hauptträger der mittel- und langfristigen Finanzierung von Außenhandelstätigkeiten sind die **Ausfuhrkreditgesellschaft** und die **Kreditanstalt für Wiederaufbau**[413]. Die Ausfuhrkreditgesellschaft ist ein Konsortium deutscher Geschäftsbanken und stellt Finanzmittel speziell für Außenhandelsgeschäfte zur Verfügung[414]. Die Ausfuhrkreditgesellschaft stellt verschiedene Kreditlinien zur Verfügung, die so genannten Plafonds. Über den Plafond A werden z.b. Lieferantenkredite abgewickelt, über die Plafonds C bis E Bestellerkredite.

Die Kreditanstalt für Wiederaufbau ist eine von Bund und Ländern getragene Anstalt des öffentlichen Rechts. Das Finanzierungsangebot der Kreditanstalt für Wiederaufbau umfasst sowohl Exportfinanzierungen als auch Projekt- und Investitionsfinanzierungen[415].

7.7.3 Möglichkeiten der Inanspruchnahme staatlicher Fördermittel

Förderprogramme bieten neben Finanzierungsmöglichkeiten auch Beratungs- und Vermittlungsleistungen zu allen Facetten einer Internationalisierung und sind für Unternehmen interessant, bei denen die Internationalisierungstätigkeit über reinen Export hinausgeht. Förderprogramme zur finanziellen Unterstützung und zur Unterstützung der strategisch-operativen Planung werden von zahlreichen Stellen wie Bund und Länder, EU, Regierungsstellen des Gastlandes sowie von zahlreichen Stiftungen und Verbänden angeboten.

Finanzierungsprogramme werden insbesondere zum Erwerb von Grundstücken, Bauinvestitionen, der Anschaffung von Maschinen und Fahrzeugen, Erwerb von Betriebs- und Geschäftsausstattung, Forschung und Entwicklung, Firmenerwerb, Kontaktanbahnung und zur Messebeteiligung bewilligt und setzen sich aus Zuschüssen,

---

[411] Vgl. Niehoff, W./ Reitz, G., 2001, Seite 193

[412] Vgl. Niehoff, W./ Reitz, G., 2001, Seite 193

[413] Vgl. Jahrmann, F.-U., 2004, Seite 418

[414] Vgl. http://www.akabank.de/deutsch, abgefragt am 17.12.05

[415] Vgl. http://kfw.de, abgefragt am 17.12.05

niedrigverzinslichen Darlehen sowie Kreditgarantien zusammen[416]. Gemeinsam haben alle Finanzierungsprogramme, dass sie erst bei den zuständigen Stellen beantragt und nach einer detaillierten Prüfung genehmigt werden müssen bevor die Auszahlung an die Unternehmen erfolgt[417].

Die Beantragung kann je nach Programm und Stelle lediglich das Ausfüllen verschiedener Formulare bedeuten, aber auch das Erstellen kompletter Wirtschaftlichkeitsberechnungen umfassen. Für Finanzierungsprogramme, die speziell an KMU vergeben werden, müssen außerdem die Definitionsmerkmale zur Klassifizierung von KMU erfüllt sein. Dies bedeutet für KMU, insbesondere für solche Unternehmen ohne Erfahrung im Umgang mit Ämtern, zum Teil langwierige Antragsprozesse, während denen mit dem jeweiligen Engagement noch nicht begonnen werden kann.

Beratungs- bzw. Informationsprogramme stellen z.B. umfassende Informationen über die Gastländer zur Verfügung, helfen beim Aufbau von interkulturellen Kompetenzen, und der Standortsuche. Vermittlungsprogramme helfen bei der Vermittlung von Fachleuten aller Art und geeigneten Kooperationspartnern. Der Großteil der Fördermaßnahmen des jeweiligen Gastlandes liegt in Steuerbefreiungen, Steuererleichterungen, Finanzierungshilfen, Transfergarantien, Eigentumsgarantien, Einfuhrbegünstigungen und Infrastrukturmaßnahmen[418].

Allerdings ist die Suche nach adäquaten Förderprogrammen sehr zeit-, kosten-, und arbeitsintensiv, da das Angebot der öffentlichen Stellen durch eine Zersplitterung auf verschiedenste Institutionen unübersichtlich und unkoordiniert ist[419]. Trotz der arbeitsintensiven Suche nach bedürfnisgerechten Förderprogrammen und auch bürokratischen Hindernissen sollten KMU Förderprogramme als Finanzierungs- und Beratungsalternative nicht vernachlässigen, da die Hilfeleistungen im Vergleich zu privaten Instituten zu moderaten Konditionen angeboten werden[420].

---

[416] Vgl. Geulen, T., 2001, Seite 197

[417] Vgl. Geulen, T., 2001, Seite 197

[418] Vgl. Dülfer, E., 2001, Seite 124

[419] Vgl. Gebhardt, C., 2000, Seite 147

[420] Vgl. Gebhardt, C., 2000, Seite 165

7.7.4 Absicherung gegen Währungs- und Zahlungsrisiken

Zur Eindämmung negativer Einflüsse aus Währungsrisiken, wie z.B. eine Abwertung der Aktiva bzw. eine Aufwertung der Passiva in Folge von Wechselkursänderungen, stehen den KMU eine Reihe von Maßnahmen zur Verfügung[421].

Tabelle 33: Maßnahmen zur Absicherung gegen Währungsrisiken[422]

Wahl der Kontrahierungswährung
Durchsetzung einer Kurssicherungsklausel zum Zweck der Erhaltung des Realwertes von Fremdwährungsforderungen
Leading, also eine Vorzeitige Zahlung wegen günstiger Wechselkursentwicklung
Lagging, also eine bewusste Zahlungsverzögerung bei ungünstiger Wechselkursentwicklung
Aufnahme bzw. Gewährung eines Kredits in Fremdwährung zum Ausgleich von Fremdwährungsforderungen bzw. –verbindlichkeiten
Abschluss eines Devisenoptions- bzw. –termingeschäfts
Anwendung von Factoring
Forfaitierung von langfristigen Auslandsforderungen
Diskontierung eines Fremdwährungswechsels
Abschluss einer staatlichen Versicherung (Hermes-Deckung)

Auch im Bereich der Zahlungssicherung gibt es mehrere Möglichkeiten, insbesondere das Dokumenteninkasso und das Dokumentenakkreditiv. Beim Dokumenteninkasso wird der Rechnungsbetrag gegen Aushändigung von Dokumenten von der Bank des Exporteurs eingezogen. Ein Dokumentenakkreditiv ist ein Geschäft mit der vertraglichen Verpflichtung einer Bank, auf Rechnung eines Importeurs innerhalb einer bestimmten Zeit an den Exporteur bei gegebenen Voraussetzungen eine Zahlung zu leisten.

---

[421] Vgl. Dülfer, E., 2001, Seite 196

[422] Eigene Darstellung in Anlehnung an: Dülfer, E., 2001, Seite 197

Abbildung 25: Dokumenteninkasso und -akkreditiv mit Nummerierung der einzelnen Aktivitäten[423]

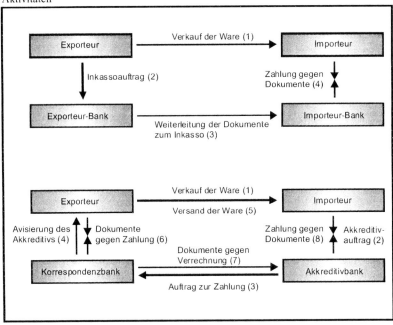

[423] Eigene Darstellung in Anlehnung an: Dülfer, E., 2001, Seite 201, 202

8 Fazit

Die Entscheidung für ein Engagement in einem ausländischen Markt ist nicht einfach. Ist sie aber einmal gefallen, dann ist es wichtig, diese Entscheidung sinnvoll umzusetzen. Wie in diesem Buch dargestellt wurde kann dies nur geschehen, wenn von vielen Alternativen der attraktivste Zielmarkt ausgewählt wird, entscheidungsrelevante Informationen konsequent gesammelt sowie ausgewertet und die Auswirkungen von fremden Umweltbedingungen durch eine strategisch-operative Planung antizipiert werden. Gerade bei einem Engagement in einer schwierigen und unbekannten Wirtschaftsumwelt wie China ist das besonders wichtig.

Zu Beginn des Buches wurde die Notwendigkeit einer nachhaltigen Planung für Unternehmen erläutert. Diese beginnt im Rahmen eines Eintritts in ausländische Märkte mit einer internen Unternehmensanalyse. Darauf aufbauend konnten geeignete Zielländer durch eine Umweltanalyse ausgewählt werden. Es wurde dargestellt, dass die Umweltanalyse anhand unternehmensspezifischer Kriterien vorgenommen werden muss, die für jedes betrachtete Land in einem „Country Notebook" zusammengefasst werden. Nach der Entscheidung für einen Markteintritt in ein bestimmtes Zielland folgte in einem nächsten Schritt die strategisch-operative Planung des konkreten Engagements.

Auch in den nächsten Jahren kann davon ausgegangen werden, dass der allgemeine Trend zur Globalisierung der Märkte anhalten wird. Für Deutschland als eines der weltweit führenden Exportnationen bedeutet dies, sich auch in der Zukunft intensiv mit ausländischen Märkten zu befassen. China wird auch in Zukunft ein bedeutendes Ziel deutscher Investitionen sein, denn ein Ende des Aufschwungs ist momentan noch nicht in Sicht. Es bleibt aber abzuwarten wie die chinesische Regierung mit den vielfältigen Problemen des Landes (Umweltverschmutzung, Arbeitslosigkeit, Bevölkerungsentwicklung, Einkommensverteilung, Politischer Konflikt mit Taiwan) umgeht, denn diese Probleme können den Aufschwung negativ beeinflussen. Das Thema dieses Buches wird also auch in Zukunft nichts von seiner Aktualität verlieren.

Danksagung

Mein Dank gebührt Herrn Professor Dr. Bernd Jörs und Herrn Professor Dr. Rainer Bossert für ihren Enthusiasmus und fachlichen Rat bei allen Fragen und Problemen. Besonders meine Eltern Irene und Peter Hellmann haben mir eine entspannte Atmosphäre zum Arbeiten ermöglicht. Durch sie wurde meine Studienzeit in Australien ermöglicht, während der ich wichtige Impulse für dieses Buch bekommen habe. Schließlich gilt mein Dank auch Lina Maria Amado, Michael Mondorf, Andreas Kroll und Wu Yingjun.

Literaturverzeichnis

Bücher

Albaum, Gerald/ Strandskov, Jesper/ Duerr, Edwin, Internationales Marketing und Exportmanagement, 3.Auflage, München 2001, Pearson Education.

Apfelthaler, Gerhard, Internationale Markteintrittsstrategien: Unternehmen auf Weltmärkten, Wien 1999, Manz Verlag.

Backes-Gellner, Uschi/ Huhn, Katrin, Internationalisierungsformen und ihre Bedeutung für mittelständische Unternehmen, in: Gutmann, Joachim; Kabst, Rüdiger (Hrsg.), Internationalisierung im Mittelstand, Wiesbaden 2000, Betriebswirtschaftlicher Verlag Gabler.

Backhaus, Klaus/ Büschken, Joachim/ Voeth, Markus, Internationales Marketing, 5.Auflage, Stuttgart 2003, Schäffer-Poeschel Verlag.

Becker, Jochen, Marketing-Konzeption, Grundlagen des zielstrategischen und operativen Marketing-Managements, 7.Auflage, München 2002, Verlag Franz Vahlen.

Benkenstein, Martin, Strategisches Marketing, Ein wettbewerbsorientierter Ansatz, 2.Auflage, Stuttgart 2002, Verlag W. Kohlhammer.

Berekoven, Ludwig/ Eckert, Werner/ Ellenrieder, Peter, Marktforschung, Methodische Grundlagen und praktische Anwendung, 10. Auflage, Wiesbaden 2004, Betriebswirtschaftlicher Verlag Gabler.

Berndt, Ralph/ Altobelli, Claudia Fantapie/ Sander, Matthias, Internationales Marketing-Management, 2.Auflage, Berlin Heidelberg 2003, Springer Verlag.

Brick, Jean, China, A Handbook in Intercultural Communication, Sydney 1996, National Centre for English Language Teaching and Research Macquarie University.

Bruns, Jürgen, Internationales Marketing, 3.Auflage, Ludwigshafen 2003, Friedrich Kiel Verlag.

Cateora, Philip/ Graham, John, International Marketing, 12. Auflage, New York 2005, McGraw-Hill/ Irwin.

Chung, Tzol Zae, Global Manager für das Land des Drachen, Frechen 2000, Datakontext Fachverlag.

Daniels, John D./ Radebaugh, Lee H./ Sullivan, Daniel P., International Business, Environments And Operations, 10. Auflage, New Jersey 2004, Pearson Education.

Dietz, Karin, Marktstrategien Asien-Pazifik, Orientierung-Erfolgsfaktoren, Erfahrungsberichte, Schwerpunkt: China und Japan, Wiesbaden 2001, Gabler Verlag.

Dülfer, Eberhard, Internationales Management in unterschiedlichen Kulturbereichen, 6. Auflage, München 2001, Oldenbourg Wissenschaftsverlag.

Faix, Werner/ Zywietz, Tassilo/ Schulten, Annette, Tabore-Straub, Sylvie, Going International – Erfolgsfaktoren im Auslandsgeschäft, 2003, Industrie- und Han-
delskammer Region Stuttgart.

Gebhardt, Christiane, Option China, Chancen und Risiken für den deutschen Mittelstand
in Asien, Wiesbaden 2000, Deutscher Universitäts-Verlag.

Geulen, Therese, Der Eintritt deutscher kleiner und mittlerer Unternehmen in den Markt
der Volksrepublik China – Bestandsaufnahme, Bewertung, Anforderungs-
analyse und Verbesserungsansätze mit besonderer Berücksichtigung des In-
formationsbedarfs deutscher kleiner und mittlerer Unternehmen (Diss.),
Mainz 2001, Verlag Mainz.

Grafers, Hans Wilfried, Einführung in die betriebliche Außenwirtschaft, Stuttgart 1999,
Schäffer-Poeschel Verlag.

Graham, John L./ Lam, Mark, Geschäfte mit Chinesen, in: Internationalisierung, Chance
China, Hamburg 2004, Harvard Business Manager Press.

Granier, Brigitte/ Brenner, Hatto, Business-Guide China, 2. Auflage, Köln 2004, Deutscher Wirtschaftsdienst.

Haas, Hans-Dieter/ Rehner, Johannes, Wege in den chinesischen Markt: Die Wahl der
geeigneten China-Strategie, in: Böhn, Dieter/ Bosch, Aida/ Haas, Hans-
Dieter/ Kühlmann, Torsten/ Schmidt, Gert (Hrsg.), Deutsche Unternehmen
in China, Wiesbaden 2003, DUV Wirtschaftswissenschaften.

Hahn, Rainer/ Lambrou, Andreas, Investieren in Asien, Der große Leitfaden für Investitionen in Fernost, München 2005, Finanzbuch Verlag.

Hill, Charles W.L., International Business, Competing in the global marketplace,
5. Auflage, New York 2005, McGraw-Hill/Irwin.

Himmelmann, Hermann/ Hungerbach, Jürgen, Das China-Paradox, Warum keiner die
Chinesen versteht und wie man mit ihnen trotzdem Geschäfte macht, München 2005, Carl Hanser Verlag.

Hirn, Wolfgang, Herausforderung China, Wie der chinesische Aufstieg unser Leben
verändert, Frankfurt am Main 2005, S. Fischer Verlag.

Hollensen, Svend, Global Marketing: a decision-oriented approach, 3. Auflage, London
2004, Pearson Education.

Holt, David H./ Wigginton, Karen W., International Management, 2.Auflage, Mason
2002, Thomson Learning.

Holtbrügge, Dirk/ Puck, Jonas, Geschäftserfolg in China, Strategien für den größten
Markt der Welt, Berlin 2005, Springer Verlag.

Hopfenbeck, Waldemar, Allgemeine Betriebs- und Managementlehre: Das Unternehmen
im Spannungsfeld zwischen ökonomischen, sozialen und ökologischen Interessen, 14. Auflage, München 2002, Redline Wirtschaft bei Verlag Moderne
Industrie.

Hünerberg, Reinhard, Internationales Marketing, Landsberg 1994, Verlag moderne Industrie.

Jahrmann, Fritz-Ulrich, Außenhandel, 11.Auflage, Ludwigshafen 2004, Friedrich Kiehl Verlag.

Jahrmann, Fritz-Ulrich, Kompakt-Training Außenhandel, Ludwigshafen 2005, Friedrich Kiehl Verlag.

Jenner, Thomas, Marketing-Planung, Stuttgart 2003, Verlag W. Kohlhammer.

Keegan, Warren J./ Schlegelmilch, Bodo B./ Stöttinger, Barbera, Globales Marketing-Management, Eine europäische Perspektive, München 2002, Oldenbourg Wissenschaftsverlag.

Killich, Stephan/ Luczak, Holger, Unternehmenskooperationen für kleine und mittelständische Unternehmen, Berlin 2003, Springer Verlag.

Kotler, Philip, Marketing Management, International Edition, 11. Auflage, New Jersey 2003, Prentice Hall.

Kotler, Philip/ Hoon Ang, Swee/ Meng Leong, Siew/ Tiong Tan, Chin, Marketing Management, An Asian perspective, 2.Auflage, Singapore 1999, Prentice Hall.

Kuhn, Dieter/ Ning, Angelika/ Shi, Hongxia, Markt China, Grundwissen zur erfolgreichen Marktöffnung, München 2001, Oldenbourg Wissenschaftsverlag.

Lieberthal, Kenneth/ Lieberthal, Geoffrey, Countdown zur Marktwirtschaft, in: Internationalisierung, Chance China, Hamburg 2004, Harvard Business Manager Press.

Mankiv, Nicholas Gregory, Grundzüge der Volkswirtschaftslehre, 2. Auflage, Stuttgart 2001, Schäffer-Poeschel Verlag.

Meffert, Heribert, Marketing, Grundlagen marktorientierter Unternehmensführung, 9. Auflage, Wiesbaden 2000, Betriebswirtschaftlicher Verlag Gabler.

Meffert, Heribert/ Bolz, Joachim, Internationales Marketing-Management, 3.Auflage, Stuttgart 1998, Verlag W. Kohlhammer.

Müller, Stefan/ Kornmeier, Martin, Motive und Unternehmensziele als Einflußfaktoren der einzelwirtschaftlichen Internationalisierung, in: Marcharzina, Klaus/ Oesterle, Michael-Jörg (Hrsg.), Handbuch Internationales Management: Grundlagen, Instrumente, Perspektiven, Wiesbaden 1997, Betriebswirtschaftlicher Verlag Gabler.

Niehoff, Walter/ Reitz, Gerhard, Going Global – Strategien, Methoden und Techniken des Auslandsgeschäfts, Berlin 2001, Springer Verlag.

Ohne Verfasser (a), Statistisches Jahrbuch für die Bundesrepublik Deutschland und für das Ausland, Wiesbaden 2005, Statistisches Bundesamt.

Ohne Verfasser (g), Wirtschaftshandbuch China, Markteinstieg: Handel, Vertrieb, Investitionen, Band 3, Frankfurt am Main 2002, F.A.Z.-Institut für Management-, Markt-, und Medieninformationen.

Ohne Verfasser (h), Wirtschaftshandbuch China, Standortführer, Band 2, Frankfurt am Main 2002, F.A.Z.-Institut für Management-, Markt- und Medieninformationen.

Olfert, Klaus/ Reichel, Christopher, Kompakt-Training Finanzierung, Ludwigshafen 1999, Friedrich Kiehl Verlag.

Oppenländer, Karl Heinrich, Einflußfaktoren der internationalen Standortwahl, in: Marcharzina, Klaus/ Oesterle, Michael-Jörg (Hrsg.), Handbuch Internationales Management, Wiesbaden 1997, Betriebswirtschaftlicher Verlag Gabler.

Perlitz, Manfred, Internationales Management, 5.Auflage, Stuttgart 2004, Lucius und Lucius Verlagsgesellschaft.

Perlitz, Manfred, Spektrum kooperativer Internationalisierungs-formen, in: Marcharzina, Klaus/ Oesterle, Michael-Jörg (Hrsg.), Handbuch Internationales Management, Wiesbaden 1997, Betriebswirtschaftlicher Verlag Gabler.

Pfau, Wolfgang, Strategisches Management, München 2001, Verlag Vahlen.

Pfohl, Hans-Christian, Abgrenzung der Klein- und Mittelbetriebe von Großbetrieben, in: Pfohl, Hans-Christian (Hrsg.), Betriebswirtschaftslehre der Mittel- und Kleinbetriebe: größenspezifische Probleme und Möglichkeiten zu ihrer Lösung, 3. Auflage, Berlin 1997, Seite 1 – 26, Erich Schmidt Verlag.

Picot, Arnold/ Reichwald, Ralf/ Wigand, Rolf T., Die grenzenlose Unternehmung, Information, Organisation und Management, 5.Auflage, Wiesbaden 2003, Betriebswirtschaftlicher Verlag Gabler.

Porter, Michael, Wettbewerbsvorteile, Spitzenleistungen erreichen und behaupten, 6. Auflage, Frankfurt am Main 2000, Campus Verlag.

Reden, Kerstin/ Fischer, Ulrich A./ Junkes, Joachim, Risikoanalyse und präventives Risikomanagement im Chinageschäft, in: Nippa, Michael (Hrsg.), Markterfolg in China, Erfahrungsberichte und Rahmenbedingungen, Heidelberg 2003, Physica-Verlag.

Reisach, Ulrike/ Tauber, Theresia/ Yuan, Xueli, China – Wirtschaftspartner zwischen Wunsch und Wirklichkeit, Ein Seminar für Praktiker, 3. Auflage, Frankfurt am Main 2003, Wirtschaftsverlag Carl Ueberreuter.

Rumler, Andrea, Marketing für mittelständische Unternehmen, Berlin 2002, SPC TEIA Lehrbuch Verlag.

Scharf, Andreas/ Schubert, Bernd, Marketing, Eine Einführung in Theorie und Praxis, 3. Auflage, Stuttgart 2001, Schäffer-Poeschel Verlag.

Simon, Hermann, Hidden Champions: Der Weg zur Weltmarktführerschaft, in: Pfohl, Hans-Christian (Hrsg.), Betriebswirtschaftslehre der Mittel- und Kleinbetriebe: größenspezifische Probleme und Möglichkeiten zu ihrer Lösung, 3. Auflage, Berlin 1997, Seite 51-80, Erich Schmidt Verlag.

Steinmann, Horst/ Schreyögg, Georg, Management, Grundlagen der Unternehmensführung, 5. Auflage, Wiesbaden 2002, Betriebswirtschaftlicher Verlag Gabler.

Taube, Michael, China als Ziel deutscher Direktinvestitionen, in: Nippa, Michael (Hrsg.), Markterfolg in China, Erfahrungsberichte und Rahmenbedingungen, Heidelberg 2003, Physica-Verlag.

Usunier, Jean-Claude/ Lee, Julie A., Marketing Across Cultures, 4. Auflage, Essex 2005, Pearson Education.

Weber, Wolfgang; Kabst, Rüdiger, Internationalisierung mittelständischer Unternehmen, in: Gutmann, Joachim; Kabst, Rüdiger (Hrsg.), Internationalisierung im Mittelstand, Wiesbaden 2000, Betriebswirtschaftlicher Verlag Gabler.

Welge, Martin K./ Holtbrügge, Dirk, Internationales Management, Theorien, Funktionen, Fallstudien, 3.Auflage, Stuttgart 2003, Schäffer-Poeschel Verlag.

Yip, George S., Total Global Strategy, 2.Auflage, New Jersey 2003, Pearson Education.

Zeng, Ming/ Williamson, Peter, Die verborgenen Drachen, in: Internationalisierung, Chance China, Hamburg 2004, Harvard Business Manager Press.

Zinzius, Birgit, China Business, Der Ratgeber zur erfolgreichen Unternehmensführung im Reich der Mitte, Berlin 2000, Springer Verlag.

Zuerl, Karl-Heinz, Managerwissen kompakt: China, München 2005, Carl Hanser Verlag.

Artikel

o.V. (b), Sehr geschickt, Wirtschafts Woche Sonderheft China, Nr. 1, Oktober 2005, Seite 32.

o.V. (c), Historischer Trend, Wirtschafts Woche Sonderheft China, Nr. 1, Oktober 2005, Seite 35.

o.V. (d), Kraft der zwei Herzen, Wirtschafts Woche Sonderheft China, Nr. 1, Oktober 2005, Seite 23.

o.V. (e), Rückkehr zu Konfuzius, Wirtschafts Woche Sonderheft China, Nr. 1, September 2004, Seite 92.

o.V. (f), Chinas konsumenten, Wirtschafts Woche Sonderheft China, Nr. 1, September 2004, Seite 76.

o.V. (i), Näher rücken, Wirtschafts Woche Sonderheft China, Nr. 1, September 2004, Seite 76.

Anhang

Anhang 1: Geschichtliche Daten über die VR China[424]

- **200**[425] Erfindung des Papiers

- **300** Erfindung des Porzellans und des Magnetkompasses

- **750** Buchdruck

- **1000** Schwarzpulver

- **1433** letzte Reise des Seefahrers Zheng He mit einer Armada von über 100 Schiffen und 28000 Seeleute und Soldaten

- **1436** Verbot des Baus von Hochseetüchtigen Schiffen, Vernichtung der Baupläne und existierender Schiffe durch den Kaiser. Bau der chinesischen Mauer und Beginn der Abschottung des Reiches.

- **1644** Dynastiewechsel von den Ming- zu den Qing-Kaisern. Isolationskurs blieb bestehen. Ein Außenministerium gab es nicht und Handel mit Ausländern war verpönt.

- **1793** Britannien scheiterte mit dem Versuch, diplomatische Beziehungen aufzunehmen. Der Kaiser Qianlong lehnte sein Anliegen ab.

- **1816** Zweiter britischer Versuch zur Aufnahme diplomatischer Beziehungen. Der Abgesandte wurde gar nicht vom Kaiser empfangen und aus dem Land gejagt.

- Schließlich doch Tausch chinesischer Tee gegen englisches Opium. Dadurch wurden rund sechs Millionen Chinesen **1830** süchtig.

- **1838** Anti-Opium-Kampagne und Verhaftung von britischen Händlern.

- **1840** Beginn des Opium-Krieges zwischen China und Großbritannien.

- **1842** Chinesische Kapitulation und Friedensvertrag von Nanjing. Dadurch musste China fünf Häfen für die Briten öffnen und die Insel Hongkong abtreten. Nach der deutlich gewordenen militärischen Schwäche setzten sich auch andere Europäer, die Amerikaner und Japaner an chinesischen Küsten fest. Der westliche Einfluss und die einseitigen Verträge im Zuge der Opium-Kriege hemmten die soziale und ökonomische Entwicklung Chinas.

- **1894/95** Verlorener Krieg gegen Japan. Im Frieden von Shimonoseki mussten die Chinesen einige Gebiete abtreten. China war nicht mehr die alles dominierende Nation Asiens.

---

[424] Vgl. Hirn, W., 2005, Seite 17-26; Himmelmann, H./ Hungerbach, J., 2005 Seite 234-237; Hahn, R./ Lambrou, A., 2005, Seite 33-43

[425] Alle Angaben nach Christus

- **1912** Ausrufung der Republik China

- **1931** Japan besetzt einen Teil Chinas und errichtet einen Vasallenstaat unter dem Namen „Kaiserreich Mandschukuo" mit dem letzten Kaiser Puyi.

- **1937** Japan greift das restliche China an und erobert wichtige Städte wie Shanghai, Nanjing und Guangzhou. Die Nationalregierung verlor fast jede Schlacht. Erfolgreicher waren die Widerstandstruppen der Kommunisten.

- **1945** Kapitulation Japans und Befreiung Chinas. Beginn des Bürgerkriegs zwischen der Nationalregierung und den Kommunisten unter Mao Zedong um die Regierungshoheit.

- **1949** Die Nationalregierung wird zurückgedrängt und flüchtet auf die Insel Taiwan. Die kommunistische Partei verkündet die Gründung der Volksrepublik China unter dem neuen Herrscher Mao Zedong. Bei den Vereinten Nationen wird der chinesische Staat unter Mao Zedong nicht anerkannt und stattdessen von Taiwan vertreten, was bis 1971 Bestand hatte.

- **1958-1961** Der „Große Sprung nach vorn" destabilisiert die marode Landwirtschaft endgültig.

- **1962** China bricht mit der UdSSR.

- **1966-1976** Große Proletarische Revolution. Ermordung und Vertreibung von Intellektuellen und der Opposition. In beiden Perioden starben 30-40 Millionen Chinesen. Das Land war wirtschaftlich und intellektuell nahezu ruiniert.

- **1972** Taiwan wird als Teil Chinas anerkannt. Ein bis heute währender Streit um die Insel beginnt.

- **1978** Amtsantritt von Deng Xiaoping.

Anhang 2: Informations- und Förderstellen[426]

Organisation/ Verband/ Institut	Informationen/ Förderungen
Deutsche Botschaft und Generalkonsulate	Informationen zum Markteintritt Betreuung von zahlreichen Wirtschaftsdelegationen und Konferenzen Unterstützung bei Streitigkeiten Politischer Begleiter und Netzwerker
Deutsche Handelskammer, Deligiertenbüros und Repräsentanzen der deutschen Wirtschaft	Markt- und Produktberatung Wirtschaftsanalysen Geschäftspartnervermittlung Messevertretung Berufliche Aus- und Weiterbildung Firmenkontakttreffen
Bfai	Stellt Auswertungen von Berichtsmaterial der amtlichen deutschen Auslandsvertretungen zur Verfügung Rechts- und Zollfragen Internet-Außenwirtschaftsportal
Bundesministerien	Informations- und Kontaktveranstaltungen
Kreditanstalt für Wiederaufbau	Vergabe von zinsgünstigen Darlehen
Hermes	Übernahme von wirtschaftlichen und politischen Risiken im Rahmen der Exportwirtschaft
Statistisches Bundesamt	Veröffentlichung amtlicher Statistiken
IHKs	Informationsveranstaltungen und Länderberichte
AHKs	Vermittlung von lokaler Markterfahrung
AUMA	Informationen zur Messeplanung und –durchführung

---

[426] Eigene Darstellung in Anlehnung an: Bruns, J.,2003, Seite 47-55